Midori Kobayagawa
Faszination Welse

Vorwort zur deutschen Ausgabe

Die Aquaristik erlebt einen Welsboom. Immer mehr, vor allem südamerikanische Arten werden entdeckt, in der Fachliteratur vorgestellt, im Handel angeboten. Dabei sind in den letzten Jahren zahlreiche Überraschungen zutage gefördert worden: Verblüffende Formen, Farben und Verhaltensweisen.

Einen Eindruck von dieser Vielfalt zu vermitteln, dem Aquarianer die Möglichkeit zu bieten, sich im Überblick zu informieren, Arten einzuordnen und zu erkennen, dazu soll dieses Buch dienen.

Gegenüber dem japanischen Original und der inzwischen erfolgten englischsprachigen Ausgabe sind einige Änderungen vorgenommen worden:

- Isaac Isbrücker hat die wissenschaftlichen Bezeichnungen der Arten im Bildteil überprüft und gegebenenfalls berichtigt.

- Rainer Stawikowski hat die inzwischen etablierten L-Nummern (für bisher unbekannte oder unidentifizierte Loricariiden) beigesteuert. Eine Gewähr für die Richtigkeit der Zuordnungen kann aber nicht übernommen werden, da ja nur die Fotos als Grundlage dienen konnten.

- Der praktische Teil „Welse im Aquarium" ist den Gegebenheiten der hierzulande üblichen Aquaristik angepaßt worden und orientiert sich nur noch stellenweise an der Vorlage. Der Text des theoretischen Teils, der „Einführung", wurde jedoch möglichst genau übersetzt und blieb im Inhalt unangetastet.

- Das Literaturverzeichnis ist die Folge dieser Umarbeitung und nennt daher zusätzlich die wichtigsten in Buchform vorliegenden Veröffentlichungen in deutscher Sprache. Obwohl sie nicht im einzelnen angeführt werden – das hätte den Rahmen gesprengt – sind zahlreiche Artikel in Fachzeitschriften ausgewertet worden. Das betrifft vor allem Aufsätze über die Zucht von Panzerwelsen sowie die kontinuierliche Berichterstattung über „neue" Harnischwelse in der DATZ (= Die Aquarien- und Terrarienzeitschrift).

Zu danken habe ich den Aquarianern, die mir mit wertvollen Erfahrungen aus ihrer Praxis oder mit Berichten von ihren Reisen zu den Biotopen der Welse geholfen haben. Stellvertretend nenne ich Markus Bals, Bernd Kilian und (schon wieder!) Rainer Stawikowski.

Claus Schaefer

Midori Kobayagawa

Faszination
Welse

© der deutschen Ausgabe, zweite, überarbeitete Auflage 1992, bede-Verlag,
W-8371 Kollnburg, Germany

Alle Rechte vorbehalten. Für Schäden, die durch Nachahmung entstehen,
können Verlag und Autor nicht haftbar gemacht werden.

Herstellung: Druckhaus Oberpfalz, Wernher-von-Braun-Straße 1, 8450 Amberg

Gestaltung: Fritz Matzulla, Amberg

ISBN 3-927 997-06-4

Übersetzt aus dem Japanischen (The World of Catfishes von Midori Kobayagawa,
Marine Planning Co., Ltd. Tokyo, Japan)

Übersetzung der Unterschriften im Bildteil aus dem Japanischen:
Martin Moser, München

Durchsicht der wissenschaftlichen Bezeichnungen:
Dr. Isaac J. H. Isbrücker, Ichthyologische Abteilung der Universität Amsterdam

Übersetzung des Textteils aus dem Englischen und Gesamtbearbeitung:
Claus Schaefer, Bonn

Titelbild: Aufgenommen von Bernd Degen im Aquarama, Volketswil, Schweiz

Inhaltsverzeichnis

AFRICA

Obwohl afrikanische Welse – systematisch gesehen – nicht so sehr verschieden voneinander sind wie diejenigen des Amazonas, gibt es doch einzigartige Gruppen unter ihnen, wie zum Beispiel die Mochokidae, zu denen mehr als hundert Arten gehören, oder die Malapteruridae, die Elektrizität erzeugen können. In Afrika kommen Welse hauptsächlich in den drei großen Flußsystemen Nil, Niger und Zaire (= Congo) und in den Seen im Osten des Kontinents vor. Die Mochokidae sind verwandt mit den Bagridae, die sowohl in Afrika als auch in Eu-

rasien leben, was man als Indiz dafür werten kann, daß beide Kontinente vor langer Zeit von derselben Fauna besiedelt waren.

Die Kiemensackwelse (Clariidae) zeigen wohl die weitestgehende Anpassung an die für Afrika typischen Unterschiede zwischen Trocken- und Regenzeit. Dadurch, daß sie besonders ausgebildete Organe entwickelt haben, sind sie in der Lage, in ausgetrockneten Sümpfen so lange zu überleben, bis der Regen wiederkehrt. Sie können auch durch „Wandern" über feuchtes Land besser geeignete Lebensräume erreichen. Man kann daher sagen, daß zumindest einige afrikanische Welse geradezu verzweifelt anmutende Überlebensstrategien entwickelt haben.

Mochokiella paynei: 6 cm. Kleiner Kopf, rundliche, gedrungene Körperform. Besitzt zwei am Unterkiefer verzweigte Bartelpaare. Die Farbe kann erheblich variieren.

Hemisynodontis membranaceus: 50 cm. Die Barteln tragen Membranen. Die Flossenspitzen der Männchen sind verlängert. Vergleichsweise gutartig, aber kämpfen mit Vertretern der gleichen Familie.

Brachysynodontis batensoda: 25 cm. Schwimmt oft auf dem Rücken. Bei den Jungfischen ist der ganze Körper mit kleinen Flecken bedeckt, die beim Heranwachsen am Körper und von der Fettflosse ab verschwinden.

Microsynodontis batesii: 5 cm. Langer Rumpf, so gut wie gar nicht eingeschnürt. Kleine Augen. Die Schwanzflosse ist abgerundet, ohne Einkerbung. Die Barteln sind verzweigt.

Synodontis angelicus: 25 cm. Auf dem schwarzen bis dunkelblauen Körper sitzen weiße bis gelbliche Flecken. Größe und Anzahl der Flecken variieren individuell stark, bei einzelnen Exemplaren vereinigen sich die Punkte zu einem lateralen Streifen. Aggressiv, kämpft vor allem mit Artgenossen.

Synodontis angelicus: Schönes Exemplar mit vergleichsweise kleinen Flecken. Die Punkte sind zum Teil wurmartig miteinander verbunden.

Synodontis angelicus: Einzelexemplar mit vergleichsweise großen Flecken. Ähnlich wie bei diesem Exemplar gibt es auch Individuen, bei denen der ganze Körper eine gelbliche Färbung aufweist.

Mochokidae

Synodontis flavitaeniatus:
20 cm. Von den Seiten des Mauls verlaufen zwei wellenförmige orange Linien bis zur Schwanzflosse. Bevorzugt schwachsaueres Wasser. Die kontrastreiche Körperfärbung verblaßt mit zunehmendem Alter.

Synodontis nigriventris:
8 cm. Es gibt Exemplare mit kleinem Kopf und langen Barteln, sowie einen größeren Typ mit starkem Rumpf und weißlicher Farbe.

Synodontis contractus:
5 cm. Schwimmt nicht sehr viel umher, bleibt oft mit leicht vibrierenden Flossen auf einer Stelle. Da er sich gerne von Kreiselschnecken ernährt, kann er dazu dienen, deren Bestand niedrig zu halten, frißt aber auch Wasserpflanzen.

Synodontis pleurops: 20 cm. Großflächige Augen, flacher Kopf. Friedliche Natur, jagt aber Artgenossen hinterher. Ernährt sich vor allem pflanzlich. Starke Unterschiede in der Zeichnung.

Synodontis pleurops var.: Einzelexemplar, das die große Variationsbreite der Körperzeichnung dieser Art zeigt. Es handelt sich zwar noch um einen Jungfisch, aber das Muster mit der hellen Grundfarbe und den großen Flecken ist schon vorhanden.

Synodontis notatus var. notatus: 25 cm. Besonderes Kennzeichen ist der einzelne große Fleck in der Körpermitte. Ähnelt *S. congicus*, mit kleinerer Fettflosse und in etwa kreisförmigen Augen und vorspringender Schnauze.

Synodontis notatus var. ocellatus: Eine Varietät des *S. notatus*, aber mit zwei bis zehn kleinen, unregelmäßig aneinandergereihten Flekken. Alle Flossen sind etwas kleiner. Diese Varietät ist auch etwas aggressiver.

Synodontis decorus: 30 cm. Die Spitze des Rückenflossenstachels erreicht beinahe die Schwanzflosse. An der Schwanzflosse befinden sich zwei bis drei schwarze Streifen.

9

Synodontis ornatipinnis: 25 cm. Ähnelt *S. brichardi,* aber das Netzmuster am Kopf und die seitlichen weißen Streifen am Körper sind deutlicher erkennbar. Kurzer Rumpf. Mit dem Heranwachsen löst sich das Streifenmuster auf und ein Netzmuster bildet sich. Die Körperhöhe nimmt zu.

Synodontis congicus: 20 cm. Besondere Kennzeichen sind die ellipsenförmigen Augen mit den darunterliegenden kleinen Flecken. An der Körperseite befinden sich zwei bis fünf einzelne Flecken, die mit zunehmendem Alter abnehmen.

Synodontis nummifer: 20 cm. An Schwanz- und Rückenflosse befinden sich kleine Flecken, die sich zu Linien verbinden können. Die für gewöhnlich fünf bis sechs Flecken an der Körperseite sind unscharf gezeichnet.

Synodontis brichardi: 20 cm. Streifenmuster an der Flanke mit vier bis acht Streifen, Einzelexemplare mit unterbrochenen oder verflochtenen Streifen. Die beiden Spitzen der Schwanzflosse sind lang ausgezogen. Das Maul ist saugnapfartig.

Synodontis brichardi var.: Einzelexemplar mit gelblicher Körperfarbe. Exemplare mit aufgelöstem Streifenmuster an der Flanke sind häufig.

Synodontis camelopardalis: 20 cm. Niedriger Körper, aber langer Rumpf. Die Flanke ist mit unscharf gezeichneten, wolkenartigen Flecken bedeckt, die sich an den Flossen linienförmig aneinanderreihen. Der obere Schwanzflossenlappen ist verlängert. Schwimmt nur knapp über dem Boden.

Synodontis camelopardalis (Albino): Da Importe von *S. camelopardalis* vergleichsweise selten sind, gelangen nur ganz vereinzelt Albinos zu uns. Bei den *Synodontis* sind Albinos auch noch von *S. alberti* bekannt.

Synodontis caudalis: 20 cm. Langer Rumpf mit kurzem, eckigem Kopf. Die obere Spitze der Schwanzflosse ist fadenartig verlängert. Die Flanken sind mit wolkenförmigen Flecken bedeckt, die Flossen mit runden.

Synodontis caudalis var. (?): Es kommt oft vor, das *S. caudalis* bläulich gefärbt sind, aber bei dieser Abart ist die Blaufärbung nur schwach. Das wolkenartige Fleckenmuster ist unscharf und aufgelöst.

Synodontis longirostris: 65 cm. Die Unterkieferbarteln sind dick, die Schnauze steht nach unten vor, woraus man auf die Ernährung schließen kann. Rauflustig.

Synodontis longirostris var. (?): Die ellipsenförmigen Augen sind ein vom typischen *S. longirostris* abweichendes Merkmal. Die Flecken auf dem braunem Körper sind unscharf.

Synodontis longirostris var. (?): Verglichen mit dem gewöhnlichem *S. longirostris* liegen die Augen weiter seitlich. Die Fleckung des ganzen Körpers ist einheitlich gestreut.

Synodontis acanthomias: 60 cm. Am Sternum sitzt eine große Zahl von Stacheln. Die Flecken am ganzen Körper werden mit zunehmendem Alter kleiner und unschärfer, die Körperfärbung schwärzlicher. Recht aggressiv.

Synodontis waterloti: 20 cm. Die Nackenzeichnung umschließt den Dorn der Rückenflosse. Auf den Flanken zwei bis drei unregelmäßige Bänder, die sich auf der Bauchseite auflösen. Die Fleckung des Kopfes ist unregelmäßig.

Synodontis sp. cf. waterloti: S. waterloti ähnlich, aber mit weniger ausgeprägtem Nackenbereich und größerer Fettflosse, außerdem u. a. höherer Körper, abgesetzter Kopf.

Synodontis schoutedeni: 15 cm. Breiter, rundlicher Körper. Fleischfarben mit schwarzer Scheckung, wobei eine große Bandbreite von Varianten existiert. Am Nacken findet sich ein schildkrötenpanzerartiger Bereich.

Synodontis schoutedeni: Der Körper ist hell und kräftig gelb gefärbt, die Musterung von Exemplar zu Exemplar unterschiedlich. Neben der hier gezeigten Musterung gibt es die unterschiedlichsten Farben und Formen.

Synodontis alberti: 20 cm. Die Oberkieferbarteln sind etwa so lang wie der ganze Körper und extrem beweglich. Der ganze Körper ist mit einer großen Anzahl unscharfer Flecken bedeckt; hoher Körper, große Rücken- und Fettflosse.

Synodontis alberti (Albino)

Synodontis gresshoffi: 25 cm. Die Rückenflosse ist etwas vergrößert und am En-de spitz. Gewöhnlich sind die Flanken mit einem Mosaikmuster bedeckt, aber Variationen sind häufig. Es gibt Exemplare mit einfarbig weißem oder geflecktem Bauch, aber ob sie alle derselben Art angehören, ist unklar.

Synodontis gresshoffi: Ein Exemplar mit feingezeichnetem Mosaikmuster.

Synodontis gresshoffi (?): Man nimmt an, daß es sich um einen *S. gresshoffi* mit punktartig zerlegter Musterung handelt.

Synodontis sp.: Musterung von Schwanz- und Rückenflosse ähneln dem *S. eupterus,* aber die Musterung von der Flanke bis zur Schwanzflosse weicht ab. Mit zunehmendem Alter vergrößert sich die Spitze der Rückenflosse und wird kammartig.

Synodontis robertsi: 15 cm. Besondere Kennzeichen sind der Kopf mit den großen Augen und der schlanke Körper. Der Körper ist mit einem sehr schönen, wolkenar-tigen Muster bedeckt. Wird nur sel-ten importiert. Eine eher ruhige Art.

Mochokidae

Synodontis leopardinus: 20 cm. Der rundliche Kopf besitzt bis zum Rumpf hin ungefähr die gleiche Dicke. Die Augen liegen recht weit vom Maul entfernt. Der Körper ist mit einem wolkenartigen Scheckenmuster bedeckt, das, je näher am Schwanz, um so größer wird.

Synodontis nigrita: 20 cm. Es gibt Fleckenmuster mit großen und kleinen Punkten. Da es keinerlei Übergangszeichnung gibt, scheint es sich dabei um zwei verschiedene Unterarten zu handeln.

Synodontis nigrita (?): Es scheint sich zwar um einen großgefleckten *S. nigrita* zu handeln, aber die genaue Zuordnung ist ziemlich schwierig.

Synodontis ocellifer: 40 cm. Hoher Körper, kurzer Rumpf. Die Fettflosse ist groß und gerundet, die Rückenflosse klein. Die Flecken der Schwanzflosse sind linienförmig angeordnet. Die Augen sind rötlich.

Synodontis robbianus: 15 cm. Kleineres, schattiertes Fleckenmuster in der Art des *S. ocellifer,* aber mit kleinerer Fettflosse, kleinerem Kopf und niedrigerem Körper.

Synodontis sp. cf. robbianus: Ähnlich dem *S. robbianus,* aber die Fleckung ist klarer, der Körper höher und die obere Spitze der Schwanzflosse ist verlängert. Die Augen sind größer als beim *S. robbianus,* aber nicht rötlich.

Synodontis sp.: Eher flacher Körper, etwas verlängerter Rumpf. Die Flanken sind wolkenartig gefleckt, Netzmuster können auch vorkommen. Die Fleckung des Kopfes ist sehr fein.

Synodontis sp.: Die Körperform ähnelt dem *S. macrostigma.* Allerdings ist der Kopf nicht so eckig und die Augen sind kleiner.

Synodontis velifer: Kennzeichen sind die großen Rücken- und Schwanzflossen, wobei besonders die große, lange Schwanzflosse sehr auffällig ist.

Synodontis haugi: 30 cm. Niedriger, stromlinienförmiger Körper. Die Fettflosse ist abgerundet und vorspringend. Der Körper ist schwarz gefärbt, die Flossen haben keine Fleckung.

Synodontis sp.

Synodontis sp.

Mochokidae

Synodontis multipunctatus: 25 cm. Die Größe der Augen und die Fleckung des Körpers unterscheiden sich von Tier zu Tier erheblich. Diese Art des Tanganjikasees schätzt alkalisches Wasser.

Synodontis multipunctatus (Jungtier): Unter den Jungtieren ist die Weiß-färbung sehr häufig. Die Hauptart ist bekannt dafür, daß sie maulbrütenden Cichliden ihren Nachwuchs (Eier und Jungfische) unterschieben.

Synodontis polli: 15 cm. Ähnelt dem *S. multipunctatus* und dem *S. dhonti,* die Fleckung ist aber etwas gleichmäßiger und der Maulbereich stärker abge-flacht. In Freiheit ernähren sie sich vor allem von Algen.

Synodontis dhonti: 40 cm. Vorspringendere Schnauze als beim *S. polli,* der Dorn der Rückenflosse ist weiß, die Augen sind nicht rötlich. Die Fleckung ist größer, die Körperfarbe wird mit dem Heranwachsen schwarz.

Synodontis petricola: 10 cm. Die Schnauze ist kurz und von oben betrachtet eckig. Der Körper ist schwärzlich und schillert bei schönen Exemplaren bis zu den Augen hin golden. Kleinste Art des Tanganjikasees.

Synodontis granulosus: 40 cm. Erscheint wie ein schwarz gefärbter *S. multi-punctatus* mit weißen Flossenrändern und unscharf gefleckten Flanken. Hält sich oft zusammen mit Vertretern der gleichen Gattung auf.

Synodontis njassae: 20 cm. Endemit des Malawisees. Die Körperfärbung changiert von stumpfem Silber bis zu Hellbraun. Die schwarze Körperfleckung variiert von Tier zu Tier beträchtlich, eine vorherrschende Ausprägung existiert nicht.

Synodontis victoriae: 35 cm. Die Fleckung ist dichter als bei *S. njassae,* der Körper ebenfalls niedrig und länglich. Ähnelt auch dem *S. acanthomias,* aber der Kopf ist gewöhnlich kleiner. Eher friedlich.

Synodontis nigromaculatus: 50 cm. Graugrüne Färbung, Fleckenmuster ähnelt der von *S. nigrita.* Die Fettflosse des hohen Rumpfes ist abgerundet. Die obere Spitze der Schwanzflosse ist bogenförmig verlängert.

Synodontis afrofischeri: 25 cm. Ähnliche Zeichnung wie *Mochokiella paynei.* Der Rumpf ist lang, die Dornen der Brust- und Rückenflossen und die Ränder der Schwanzflosse sind schwarz gesäumt. Bei den Beutetieren handelt es sich vor allem um Kleintiere.

Chiloglanis deckenii: 10 cm. Die Gattung Chiloglanis ähnelt *Euchilichthys,* aber der Kopf ist flacher und die Backen sind nicht so eckig.

Euchilichthys guentheri (?): 10 cm. Flacher Kopf mit eckigen Backen. Das Maul ist saugnapfartig. Bevorzugt pflanzliche Nahrung. Die zwei strahlenförmig verbreiterten Bartelpaare wachsen aus dem Unterkiefer heraus.

Chiloglanis lukugae: 10 cm. Verglichen mit anderen *Chiloglanis* ist der Körper schlank und die Mundwinkel sind länger, die Augen größer. An der Flanke befindet sich ein unscharfes Streifenmuster.

Chiloglanis sp.: Bei dem seitlichen Streifenmuster fassen die drei bis vier Streifen abwechselnd die Seitenlinie ein.

Chiloglanis sp.: Der Körper ist etwas höher, die Augen sind klein, die gewöhnlich drei Seitenstreifen sind unscharf.

Malapterurus electricus (juvenil):
70–100 cm. Die Rückenflosse fehlt,
direkt vor der Schwanzflosse liegt die
Fettflosse. Im Schwanzbereich
befinden sich zwei schwarze Bänder.
Kann Elektrizität erzeugen, ernährt
sich von kleinen Fischen.
Aggressiver Einzelgänger.

Malapterurus electricus (Albino)

Malapterurus electricus (?): 70 cm.
Großer Rumpf. Grauer Körper mit
großgemusterter Fleckung.
Heranwachsende Tiere haben kein
schwarzes Band im Schwanzbereich.
Eventuell existieren regionale
Varianten.

Malapterurus microstoma: Über 70
cm. Vorstehende Schnauze, kleines
Maul. Das schwarze Band am
Schwanzbereich ist unscharf.
Wächst sehr schnell. Von Zaire
(Congo) her bekannt, 1969 als
elektrische Art erfaßt. Größte Art der
Zitterwelse.

Clarotes laticeps: 1 m. Großer Kopf mit kleinen Augen. Vielfraß mit schnellem Wachstum.

Bagrus ubangensis: 70 cm. Der mattglänzende Körper ist stumpfgrau gefärbt. Jagt viel, vor allem kleine Fische. Nicht sehr bewegungsfreudig.

Lophiobagrus cyclurus: 10 cm. Kurzer Rumpf, aufgeblähte Backen.

Chrysichthys ornatus: 30 cm. Kleine Fettflosse, flache, vorspringende Schnauze, schwarze Streifen oben und unten an der Schwanzflosse. Als African Mouthfin Catfish bekannt.

Chrysichthys longipinnis: 30 cm. Bei den Jungfischen glänzt die Körperoberfläche metallisch. Recht aggressiv.

Chrysichthys furcatus: 15 cm. Bei den Männchen ist das Maul kleiner und der Körper flacher als bei den Weibchen. Kleinfische dienen fast nicht als Nahrung.

Auchenoglanis occidentalis: 50 cm. Vorstehende Schnauze, wühlt gern im Sandboden. Das Schildkrötenmuster des Körpers bleibt auch beim Heranwachsen erhalten. Schnelles Wachstum.

Phyllonemus typus: Die Bartelspitzen sind abgeflacht. Jagt viel, Allesfresser. Wird kaum importiert.

Parauchenoglanis loennbergi: 20 cm. Vorstehende Schnauze und breites Maul, jagt wenig.

Parauchenoglanis macrostoma: 25 cm. Lange Unterkieferbarteln ähnlich dem *S. loennbergi*, streifenartige Körperfleckung. Bei manchen Exemplaren sind Rücken- und Schwanzflosse weiß gerändert.

Schilbe mystus: 30 cm. Die Schwanzflosse ist nach unten gekrümmt, steht oft mit ruhigen Bewegungen im Wasser. Kein sehr intensiver Jäger.

Schilbe uranoscopus: 20 cm. Silberweißer Körper mit unscharfen Längsstreifen, ein Fleckenmuster hinter den Kiemen wei bei *Schilbe mystus* fehlt.

Eutropiellus vandeweijeri: 8 cm. *Schilbe*–ähnliche Körperform, wird aber nicht so groß. Schwimmt oft im Schwarm. Auch als *Etropiella* bekannt.

Parailia longifilis: 10 cm. Im Gegensatz zu dem einen Bartelpaar bei *Kryptopterus bicirrhis* besitzt diese Art drei Bartelpaare.

Heterobranchus longfilis: 80 cm. Ähnelt *Clarias,* unterscheidet sich aber durch die große Fettflosse. Einzelgänger.

Clarias gariepinus: 80 cm Flacher Kopf, großes Maul. Aggressiver Räuber, muß einzeln gehalten werden.

Clarias angolensis: 30 cm. Rundere Körperform als bei *C. gariepinus,* große Rückenflosse. Einigermaßen friedlich.

Channallabes apus (Albino): 40 cm. Rücken-, Schwanz- und Afterflossen sind wie beim Aal miteinander verwachsen.

Gymnallabes typus: Ähnelt stark der Gattung *Channallabes* der Kopf ist aber breiter und in der Mitte eingedrückt.

Amphilius sp.: 8 cm. Lebt in strömungsreichen Gewässern. Die über 25 Arten werden kaum importiert.

Phractura intermedia: 8–10 cm. Lebt in strömungsreichen Gewässern.

Phractura sp.: Ähnelt den südamerikanischen *Loricaria,* besitzt aber eine Fettflosse.

Belonoglanis tenuis: 10 cm. Besondere Kennzeichen sind die lange Schnauze und der schlanke Körper. Wird selten importiert. Lebt in strömungsreichen Gewässern.

AUSTRALIA

Die meisten der eigentlich eher wenigen australischen Welse stammen, im Gegensatz zu denen anderer Erdteile, aus dem Meer. Die im Meer lebenden Welse sind die Korallenwelse (Plotosidae) und die maulbrütenden Kreuzwelse (Ariidae). Die Angehörigen dieser beiden australischen Familien können sowohl im Salz- wie auch im Süßwasser angetroffen werden. Doch gibt es auch einige Arten, die sich ursprünglich im Süßwasser entwickelt haben und darauf beschränkt geblieben sind.

Die meisten der ursprünglichen Meerwasserarten kommen ebenso entlang der Küsten Europas und Asiens vor und sind deshalb auch dort bekannt. Viele australische Arten sind bis jetzt jedoch noch nicht exportiert worden, so zum Beispiel der berühmte Maulbrüter *Arius graeffei*, von den Australiern „Großer Salm" oder „Blauer Wels" genannt. Die Tatsache, daß bei dieser Art das Männchen die vielen Eier im Maul erbrütet, macht sie natürlich zu interessanten Studienobjekten.

Anodontoglanis dahli: 40 cm. Aalartige Flossen vom Rücken bis zum Bauch. Schmale Bauchflossen. Auffallend vorspringende Schnauze.

Tandanus bostocki: 40 cm. Breite Flossen, abgerundeter Maulbereich. An den Flossen befinden sich schwarze Ränder, am Körper eine wurmartige Zeichnung. Die Rückenflosse des abgebildeten Exemplars ist eingekerbt.

Neosilurus glencoensis: 15 cm. Vom Bauch bis zum Schwanz verbundene Flosse, keine Verbindung zur Rückenflosse. Die gelben Flossen werden mit dem Heranwachsen heller.

Neosilurus sp.: 15 cm. Kleiner Kopf, langer, schlanker Schwanz. Helle graubraune Körperfarbe.

Neosilurus sp.: 15 cm. Etwas vorstehende Schnauze. Die Schwanzflosse reicht bis über das hintere Drittel des Körpers. Der obere Augenbereich ist hellblau gerändert.

Neosilurus sp.: 30 cm. Der *Neosilurus* mit der längsten Schnauze.

Hexanematichthys leptaspis: 1 m. Die Körperfärbung variiert von silber bis gold. Ausgewachsene Exemplare leben in Bereichen mit geringem Salzgehalt und brüten die Eier im Maul aus.

EURASIA

Auf dem eurasischen Kontinent existieren zwei Hauptgruppen der Welse: Echte Welse (Siluridae) und Stachelwelse (Bagridae). Diese beiden Familien passen sich recht bereitwillig Veränderungen ihrer Umwelt an, was auch ihre weite Verbreitung von Europa über die tropischen Gebiete bis nach Japan erklärt. Einer der größten Welse überhaupt, der Europäische Wels *(Silurus glanis),* gehört zur Familie der Siluridae. Ein anderer Gigant ist der „Paraiba" aus dem Amazonas. Der bisher größte Wels maß etwa fünf Meter; Exemplare, die über zwei Meter Länge erreichten, wurden aus China bekannt, und der *Pangasianodon gigas* aus dem Mekong, an Größe und Gewicht dem Europäischen Wels durchaus ebenbürtig, bringt bei drei Metern Länge über dreihundert Kilogramm auf die Waage.

Aufgrund der häufigen und langwierigen kriegerischen Auseinandersetzungen in Südostasien liegen über die dortigen Welsarten kaum Nachrichten vor und die wissenschaftliche Erforschung kommt demzufolge auch nicht voran.

Silurus asotus: 60 cm. Die Körperfarbe ist Braun oder ein bräunliches Gelbgrün. Es kommen auch Einzelexemplare mit wolkenartiger Musterung vor. Ernährt sich von Lurchen und Krebsen. Besitzt zwei Paar Barteln.

Silurus lithophilus: 60 cm. Gelbbraune Körperfarbe mit dunklen Flecken. Schwarzfärbung unter strakem Lichteinfall. Lebt in den Riffgebieten des Biwa- und Yogosees.

Silurus biwaensis: Über 1 m. Die Schwanzflosse ist flach, eingekerbt und auf der Rückenseite länger als auf der Bauchseite. Rücken und Flanken sind blaugrau, der Bauch weiß gefärbt. Raubfisch. Aggressiv. Endemit des Biwasees.

Silurus glanis (Großer europäischer Wels): Bis über 3 m. Eine der größten Welsarten überhaupt. Drei Bartelpaare, am ganzen Körper weiß gefleckt. Räuber.

Silurodes eugeneiatus: 18 cm. Lebt auf der ganzen malaiischen Halbinsel. Halbtransparenter Körper, hellbraun gefärbt. Größer als *Kryptopterus bicirrhis.*

Silurichthys hasselti: 15 cm. Wird aus Malaysia importiert. Schwarz gefleckter, brauner Körper.

Ompok bimaculatus: 45 cm. Das etwas vergrößerte Maul mit den zwei Bartelpaaren ist oberständig. Die Schwanzflosse ist eingekerbt. Hinter den Kiemen des grünbraunen Körpers liegt ein schwarzer Fleck. Friedlich.

Kryptopterus bicirrhis: 10 cm. Die Rückenflosse besteht nur aus einem, die Afterflosse aus 53–70 Weichstrahlen. Der durchsichtige Körper ist praktisch farblos. Tagaktiv.

Kryptopterus bicirrhis (weiße Variante): Leicht mit dem vorhergehenden Exemplar zu verwechseln.

Kryptopterus macrocephalus: 15 cm. Die Brustflossen sind so lang wie der Kopf, die Afterflosse besteht aus 52 Weichstrahlen. Grünbraun gefärbter Körper, der dadurch etwas von seiner Durchsichtigkeit einbüßt. Gutartiger Charakter.

Kryptopterus apogon: 80 cm. Die Rückenflosse fehlt, die Afterflosse besteht aus 78–91 Weichstrahlen. Am Unterkiefer sitzen zwei sehr kurze Bartelpaare. Räuber.

Wallago miostoma: 1 m. Großes tiefgespaltenes Maul (bis kurz vor die Augen). Zwei Bartelpaare. Kleine Rückenflosse, lange Afterflossenbasis. Dunkle grünbraune Färbung, bei Jungtieren braun.

Wallago leeri: 1 m. Großes, bis Augenhöhe reichendes Maul. Aggressiv, gefräßig.

Wallago athu: 2 m. Die Maulspalte reicht bis hinter die Augen. Die Körperfarbe variiert von Gelbbraun bis Dunkelbraun. Der kampflustige Raubfisch wächst schnell.

Belodontichthys dinema: 60 cm. Kommt im Mekongdelta vor. Im stark oberständigen Maul eine Reihe scharfer Zähne, von denen ein Teil gut sichtbar ist.

Pelteobagrus nudiceps: Über 20 cm. Dunkelgelbbraune Färbung mit dunklen Flecken. Der Bauch ist hellgelb. Nachtaktiv. Der Dorn der Brustflosse kann, an deren Ansatz gerieben, ein kratzendes Geräusch erzeugen.

Pelteobagrus ornatus: 2,5–3 cm. In Malaysia und Indonesien verbreitet. Schwarze Längsstreifen am halbtransparenten Körper. Hält sich in mittleren Wasserschichten auf.

Coreobagrus ichikawai: 7–14 cm. Der gelbbraune Körper ist dunkelbraun gefleckt. Lebt in den in die Bucht von Ise mündenden Flüssen. 1975 in Japan zum Naturdenkmal erklärt.

Pseudobagrus fulvidraco: 15–17 cm. In der ganzen VR China verbreitet, lebt in kalten und warmen Gewässern. An den Flanken sind zwei helle Streifen sichtbar.

Heterobagrus bocourti: 25 cm. Die Körperform ähnelt *Mystus.* Die Rückenflosse ist auffällig verlängert. Die Schwanzflosse ist tief eingekerbt, mit langen Finnen. Die Oberkieferbarteln reichen bis zur Schwanzflosse. Reagiert empfindlich auf Veränderungen der Wasserqualität.

Pseudobagrus aurantiacus: 20 cm. Gelbbraune Körperfarbe mit un- scharfer, dunkelbrauner Fleckung. Die flache Schwanzflosse ist ein- gekerbt. Das nachtaktive Tier ernährt sich von kleinen Fischen und Bodenbewohnern.

Chandramara chandramara: 10 cm. Lebt in Indien und Burma, nur wenige Importe. Schwarzer Streifen an der Flanke. Ruhiger Charakter.

Leiocassis siamensis: 20 cm. Etwas flacher Kopf, die Augen werden von einer Membran bedeckt. Dunkelvioletter Körper mit breiten, gelbbraunen Streifen. Ernährt sich von kleinen Fischen und Bodenbewohnern. Ruhiger Charakter.

Leiocassis poecilopterus: 25-30 cm. Relativ hoher Körper. Bei den weißen Jungfischen entsteht mit dem Heranwachsen ein wolkenartiges, gelbes Fleckenmuster. Große Rückenflosse. Ruhiger Charakter. Reagiert sehr empfindlich auf Veränderungen der Wasserqualität.

Bagrichthys hypselopterus: 15-17 cm. Der ganze Körper und alle Flossen außer der Schwanzflosse sind tiefschwarz. Eine schmale weiße Linie an der Flanke. Wird aus Thailand und Burma importiert.

Mystus micracanthus: 15 cm. Vier Bartelpaare. Brauner Körper, hinter den Kiemen und am Ansatz der Schwanzflosse befindet sich je ein hellbraun geränderter, dunkler Fleck. Ruhiger Charakter.

Mystus vittatus: 20 cm. Vier Bartelpaare. Hinter den Kiemen befindet sich ein kleiner, schwarzer Fleck, an der Flanke verlaufen drei graugrüne Streifen. Ruhiger Charakter. Allesfresser.

Mystus nemurus: 60 cm. Von den vier Bartelpaaren reichen die Oberkieferbarteln bis zur Afterflosse. Graubrauner Körper mit orangebräunlichen Flossen. Die Schwanzflosse ist rötlich. Ernährt sich von kleinen Fischen und Bodenbewohnern. In Malaysia, Sumatra und Thailand beheimatet. Aggressiv.

Mystus wyckii: 90 cm. Auffallend flacher Kopf. Schwarzer Körper. Außer bei den Brustflossen geht das Grün aller Flossen in Weiß über. Aggressiv, verträgt sich vor allem mit Artgenossen schlecht. Auch bei erwachsenen Exemplaren verschwindet die Weißfärbung des Schwanzes nicht.

Bagrus sp.: Endgröße unbekannt. In Indien und Burma beheimatet. Lange Schnauze und hoher Körper wie bei den südamerikanischen *Sorubim-* und *Hemisernbim-*Arten. Besonderes Kennzeichen ist der schwarze Fleck an der Fettflosse. Vergleichsweise kleines Maul. Ruhiger Charakter. Bevorzugt Würmer und Insekten.

Pangasius sutchi: 70 cm. Schwarzer Körper mit silbergrauen Streifen. Ruhiger Charakter. Verletzt sich, wenn er erschreckt wird, oft an den Aquarienscheiben Augen und Schnauze.

Pangasius sutchi (Albino): Zuchtprodukt, das in der Natur nicht vorkommt. Verletzungsanfällig, vorsichtig transportieren! Jungtiere werden vergleichsweise regelmäßig importiert.

Pangasius sp.: Über 70 cm. Schwarzer Körper. Arttypisches Merkmal sind die große Schwanz- und Rückenflosse. Vermutlich mit *Pangasianodon gigas* verwandt.

Pangasius larnaudii: 1,3 m. Verlängerter Rückenflossendorn. Schwärzlich silbergrau gefärbter Körper, als arttypisches Merkmal ein schwarzer Punkt hinter den Kiemen. Allesfresser. Langsames Wachstum.

Pangasius sp.: Mit *Pangasianodon gigas* verwandt, aber größer. Das Jungtier hat im Verhältnis zum Körper eine große Schwanzflosse.

Pangasius sanitwongsei: Endgröße unbekannt. Etwas flacher Kopf, vorne eckig. Verlängerter erster Rückenflossenstrahl, Schwanzflosse tief eingekerbt. Schwärzlich silbergrau gefärbter Körper. Schnelles Wachstum. Benötigt viel Platz. Allesfresser.

Bagarius bagarius: 1.5 m. Vier Bartelpaare mit breiten, fleischigen Oberkieferbarteln. Gelbbraune Körperfärbung mit dunkelbraunen Flecken. Räuber. Bevorzugt fließende Gewässer.

Bagarius sp.: Lebt in fließenden Gewässern in Indien und Burma. Im Gegensatz zum *Bagarius bagarius* flache Körperform und unterschiedlich dicker Bartelansatz.

Hara sp.: 6 cm. In Burma, Indien und Thailand verbreitet.

Glyptothorax trilineatus: 10 cm. Wird aus Südostasien importiert. Lebt in fließenden Gewässern an felsigen Stellen, ernährt sich von Algen etc. Bevorzugt kühlere Gewässer.

Glyptothorax major: 13 cm. Vier Bartelpaare mit breiten, fleischigen Oberkieferbarteln. Besonderes Kennzeichen ist die saugnapfartige Falte am Bauch. Versteckt sich am Tag unter Steinen. Lebt in Bergbächen.

Gagata schmidti: 10 cm. Lebt in Indien und Burma. Der silbermetallische Körper ist vom Rücken her bis zur Körpermitte mit schwarzen Bändern bedeckt.

Gagata cenia: 5-6 cm. Wird aus Indien und Burma importiert. Bevorzugt kühlere Gewässer. Sehr schwimmfreudig.

Chacidae

Chaca bankanensis: 20 cm. Der flache Kopf nimmt etwa ein Drittel der Körperlänge ein. Großes Maul, sehr kleine Augen. Versteckt sich am Boden, wo er Beutefischen auflauert. Gibt bei Berührung knurrende Laute von sich.

Heteropneustidae

Heteronneustes fossilis: Besonderes Kennzeichen ist die einzeln stehende Rückenflosse. In Sri Lanka und Indien verbreitet. Die Jungtiere sind rotbraun gefärbt.

Clariidae

Clarias batrachus: Bis über 50 cm. Großes Maul mit vier Bartelpaaren. Ins bräunliche gehende, dunkelgraue Körperfärbung.

Clarias batrachus (Albino): Albinos kommen in der Natur fast nicht vor, diese Art ist eine der wenigen Ausnahmen. Aggressiv. Abgebildet ist ein fast 70 cm langes, besonders schönes Exemplar.

Rechts unten: Amblycipitidae

Clarias fuscus: 40 cm. Weiß gesprenkelter, brauner Körper. Räuber. Lebt im Delta des Nakuragawa auf der Ishigaki-Insel.

Liobagrus reini: 10 cm. Vier Bartelpaare. Die Fettflosse setzt sich in der Schwanzflosse fort. Körperfärbung dunkelorange, am Bauch hellorange. Brust- und Rückenflosse besitzen einen Giftstachel.

South & North AMERICA

Der Theorie der Kontinentalverschiebung zufolge waren die heute durch eine Landbrücke verbundenen Halbkontinente Nord- und Südamerika vor hundert Millionen Jahren noch getrennt. Deshalb kommen ähnliche Welse kaum gleichzeitig im Norden und im Süden des amerikanischen Erdteils vor.

Nur wenige Arten der Ictaluridae und Ariidae sind aus dem Norden bekannt.

Andererseits kann man davon ausgehen, daß in Südamerika mehr als tausendfünfhundert Welsarten heimisch sind. Von daher leuchtet es natürlich ein, daß man von Südamerika als dem Wels-Mekka spricht. Die artenreichsten Familien sind die Antennenwelse (Pimelodidae), die Harnischwelse (Loricariidae), die Schwielenwelse (Callychthyidae) und die Dornwelse (Doradidae), die insgesamt etwa die Hälfte der bekannten Süß- und Seewasserarten stellen. Allerdings sind etwa die Loricariidae systematisch noch kaum erfaßt, während bei anderen Gattungen, zum Beispiel den *Corydoras*-Arten aus der Familie der Callychthyidae, die Wissenschaft eine Klassifizierung mit Hilfe ihrer DNS – natürlich neben anderen Merkmalen – versucht.

Das Regenwaldgebiet des Amazonas mit seiner weltweit größten Süßwassermenge und den unterschiedlichsten Lebensräumen beherbergt noch eine Vielzahl unbekannter Welsarten.

Pimelodus pictus: 10 cm. Drei lange Bartelpaare, von denen ein Paar bis zur Schwanzflosse reicht. Silberweißer Körper. Der untere keilförmige Teil der Rückenflosse ist nicht gefleckt. Vielfraß. Schwimmfreudig. Die kolumbianische Art ist prächtig gefleckt.

Pimelodidae

Pimelodus maculatus: 25 cm. Das Muster aus großen und kleinen Flecken ist an der Flanke in vier Reihen angeordnet. Allesfresser, ausgewachsene Tiere jagen auch kleine Fische.

Pimelodus maculatus: Bei den Jungtieren ist das Fleckenmuster verhältnismäßig groß und unregelmäßig. Wenn ihre Länge 15 cm überschreitet, ordnet es sich regelmäßig.

Pimelodus sp.: 20 cm. Besondere Merkmale sind der weiße Streifen über der Seitenlinie und die schwarzen Punkte oben und unten am Schwanzbereich.

Pimelodus sp.: 25 cm. Große Körperhöhe. An den Flanken vier deutliche schwarze Streifen.

Pimelodus ornatus: 50-60 cm. Für einen *Pimelodus* untypischer Körperbau. Breites Maul, flache Schnauze. Gieriger Räuber. Das seitliche Streifenmuster wird mit dem Heranwachsen breiter und unschärfer.

Pimelodus albofasciatus: 25 cm.
Exemplare unter 10 cm haben über der
Seitenlinie einen silberweißen Bereich,
darüber und darunter einen unscharfen
schwarzen Bereich. Mit dem Heranwachsen wird die weiße Linie schmaler
und der schwarze Bereich löst sich zu
einem schwarzen Fleckenmuster auf.

Pimelodus blochii: 40 cm.
Trägt als Jungtier ein wolkenartiges Muster,
das sich beim Heranwachsen auflöst.
Übrig bleibt ein weißer Streifen über der
Seitenlinie, der Körper färbt sich grau mit
einem kleinen Punktmuster.

Pimelodella gracilis: 15 cm. Langer Rumpf, ziemlich spitze Schnauze. Der vordere Teil der Fettflosse besitzt eine gerade Kante. Von der
Maulspitze zieht sich über der Seitenlinie ein schwarzvioletter Streifen bis zum Schwanzbereich.

Pimelodella linami: 10 cm. Ähnelt *P. gracilis*, aber die Fettflosse ist
größer und die Schnauze ist rundlicher. Heller fleischfarbener Körper mit von Tier zu Tier stark variierendem schwarzen Streifen an
der Flanke.

Pimelodella cristata: 20 cm. Verlängerte Schnauze, breiter Augenbereich. Feiner schwarzer Streifen über der Seitenlinie, endet vor den
Kiemen. Hinter den Kiemen liegt ein unscharfer, bläulicher Fleck.

Pimelodella parnahybae: 10 cm. Hellbrauner Körper ohne
Musterung.

Pimelodidae

Rhamdia quelen: 30 cm. Großes Maul. Räuber. Ein Oberkieferbartelpaar ist länger als die anderen beiden. Die braunen Jungtiere werden mit dem Heranwachsen graubraun.

Rhamdia sp.: 30 cm. Die lange Schnauze und der flache Kopf lassen auf einen Raubfisch schließen. Lebt vermutlich in stark strömenden Gewässern. In der Flankenmitte verläuft ein undeutlicher Streifen.

Imparfinis minutus: 18 cm. Langer Rumpf mit kreisförmigem Querschnitt. Abgeflachter Kopf.

Rhamdella microcephala: 10 cm. Lebt in Vertiefungen in reißenden Gewässern. Nur in Einzelexemplaren importiert.

Heptapterus sp.: Tiefschwarzer, extrem länglicher Körper. Dieses 5 cm lange Tier scheint noch nicht ausgewachsen zu sein.

Brachyrhamdia meesi: 5 cm. Besondere Kennzeichen sind die schwarze Linie in der Flankenmitte und die schwarzgeränderten Augen. Frißt keine Fische.

Brachyrhamdia sp.: 5 cm. Unter Umständen wird die ganze Rückenflosse schwarz. Der schwarze Augenrand kann heller oder dunkler ausfallen.

Brachyrhamdia imitator: 7 cm. Besonderes Kennzeichen ist, im Vergleich zu den Rhamdia, der dem Namen entsprechende (brachy = kurz) kurze Rumpf. Die Färbung imitiert die der *Corydoras.* Venezolanische Art.

Brachyrhamdia rambarrani: 5 cm. Ähnelt in Körperform und -farbe *Corydoras imitator.* Lebt in der Natur mit *Corydoras* zusammen. Aggressiv, schnappt oft nach den Flossen anderer Fische. Interessant im Zusammenleben mit *Corydoras.*

Pseudopimelodus fowleri: 50 cm. An der Körperoberfläche befinden sich Erhebungen und Vertiefungen wie bei der Schale von Citrusfrüchten. Großes Maul. Räuber, jagt verhältnismäßig große Beutetiere. Im Zusammenleben nicht sehr friedlich.

Pseudopimelodus sp.: 20 cm. Ähnelt *P. fowleri* hat aber einen schmaleren Rumpf, größere Augen und wird nicht so groß. Von der Rückenflosse zieht sich ein bogenförmiges, unscharfes Band bis zum Bauch.

Pseudopimelodus raninus raninus: 10 cm. Ähnelt *Microglanis,* aber mit geradem Ende der Schwanzflosse. Für seine geringe Größe sehr räuberisch.

Pseudopimelodus raninus raninus: Exemplar mit marmorierter Körperoberfläche.

Pseudopimelodus sp.: 30 cm. Ähnelt in der Körperform *P. fowleri,* der Kopf ist aber rundlicher. Der vordere Teil der Rückenflossenbasis ist vergrößert. Die Rückenflossenkante ist weiß.

Pseudopimelodus raninus acanthochiroides: 15 cm. Unterart von *Raninus raninus,* aber größer als dieser. Besonderes Merkmal ist die Erhöhung zwischen Kopf und Rückenflosse.

Pseudopimelodus zungaro bufonius: 20 cm. Viele Unterarten sind bekannt, die schwer zu unterscheiden sind. Besondere Merkmale dieser Unterart sind schmale schwarze Streifen und eine helle Körperfärbung. Hält sich häufig in steinigen Abschnitten fließender Gewässer auf.

Pseudopimelodus zungaro subsp.: 20 cm. Höher angesetzte Augen und kleineres Maul als der vorgenannte Pseudopimelodus zungaro bufonius. Starke Rotfärbung des Körpers. Nicht sehr agil.

Pseudopimelodus zungaro subsp.: 20 cm. Dicke Oberkieferbarteln. Breiter Augenbereich, die Augen selbst sind klein. Relativ kleine Flossen, v. a. die Rückenflosse ist klein. Karpfenartige Schwanzflosse.

Pseudopimelodus albomarginatus: 20cm. Großer, rundlicher Kopf, hoch angesetzte Augen. Die schwarzen Bänder unter der Rückenflosse und der Fettflosse sind am Rückenbereich verbunden. Hellorangene Körperfärbung.

Microglanis iheringi: 5-6 cm. Hellbrauner Körper mit schwarzen, breiten Bändern. Verbirgt sich oft im Sand.

Microglanis sp.: 10 cm. Nicht sehr groß, aber genauso reizvoll wie seine größeren Artgenossen.

Paulicea luetkeni: Über 1,5 m. Die am ganzen Körper gefleckten Jungfische haben einen großen Kopf und einen schlanken Körper. Es gibt auch kaum gefleckte Exemplare. Mit dem Heranwachsen werden die Flecken heller. Aggressiv.

Paulicea sp.: Das Fleckenmuster des ganzen Körpers wird mit dem Heranwachsen heller und unschärfer. Vermutlich eine regionale Variante von *P. luetkeni,* vor allem in Peru zu finden.

Paulicea leutkeni var.: Wegen ihrer gelben Färbung auffallende Varietät. Sehr selten.

Phractocephalus hemioliopterus: 1,3 m. Der milchigweiße Bereich an der Flanke wird mit dem Heranwachsen schmaler, die Schwanzflosse rot. Ziemlich aggressiv, einzelgängerisch.

Perrunichthys perruno: 50 cm.
Die Oberkieferbarteln sind länger als der
Körper, schwimmt mit weitausholenden
Bewegungen. Die Jungtiere tragen ein
deutliches Netzmuster, das mit dem
Heranwachsen unschärfer wird.
Regionale Unterschiede in der Musterung.
Ganz ähnlich aussehende Fische mit
netzartigem, kleinem Fleckenmuster gehören
vermutlich der Art *Leiarius marmoratus* an.

Leiarius pictus: 60 cm. Verglichen mit dem Perrunichthys perruno ist
die Schnauze lang und scharfkantig, die Augen größer. Jungtiere
tragen ein bogenförmiges, schwarzes Band.

Leiarius pictus (Jungtier): Im Vergleich zum Körper hohe Schwanzflosse, großflächige Musterung. Besonders auffällig sind die großen
Punkte der Rückenflosse und die schöne Streifung.

Platynematichthys notatus: 1 m. Abgeflachte Bartelinnenseiten.
Bei ausgewachsenen Tieren ist die Spitze der Rückenflosse fadenartig um mehr als die Körperlänge verlängert. Sehr schwimmfreudig.

Callophysus macropterus: 50 cm. Hellgrauer Körper mit
großflächigen, schwarzen Flecken. Färbt sich mit dem
Heranwachsen bläulich. Agiler Räuber, der im Aquarium aber
jedes gängige Futter annimmt.

Pinirampus pinirampu: 1 m. Abgeflachte
Bartelunterseiten. Die Rückenflosse liegt
ziemlich weit vorne, die Fettflosse ist sehr
lang. Kurze, rundliche Maulwinkel. Es gibt
auch Exemplare mit runden Barteln, die
aber derselben Art angehören.

Brachyplatystoma filamentosum var.:
Von Brachyplatystoma filamentosum
existieren verschiedene Varianten. Hier ist
eine Variante ohne Musterung, bei der die
Körperfärbung in schwarz und weiß
getrennt ist.

Brachyplatystoma filamentosum var.:
B. filamentosum ähnlich, aber die
Fettflosse ist etwas größer. Die Körper-
färbung ist in einen dunklen und einen
hellen Bereich aufgeteilt. Im dunklen
Bereich befindet sich ein kleines
Fleckenmuster. Lebt in Flußmündungen
und Gewässern mit geringem Salzgehalt.

Brachyplatystoma filamentosum: Bis über 2 m. Größter Amazonaswels. Mattglänzend, kurze Maulwinkel.

Brachyplatystoma filamentosum (Jungtier): Als Jungtier importiert, es ist noch nicht abzusehen, zu welcher Unterart er sich entwickelt. Die Barteln und die Spitze der Schwanzflosse werden noch länger.

Brachyplatystoma filamentosum (Jungtier): Die Barteln haben die 1,5fache Körperlänge. Der Körper trägt viele unscharfe Flecken. Die obere Spitze der Schwanzflosse verlängert sich mit dem Heranwachsen fadenartig.

Brachyplatystoma filamentosum var.: Trägt als Jungtier ein wolkenartiges Muster am Rücken. Kampf- und angriffslustig. Kommt in Peru vor.

Brachyplatystoma flavicans: 2 m. Der Gattungsname Brachyplatystoma deutet auf eine kurze, flache Schnauze hin. Kommt in Peru vor. Ausgewachsen schillert er goldfarben. In zu kleinen Aquarien gehalten verletzt er sich leicht an der Schnauze.

Brachyplatystoma juruense: 80 cm.
Fadenartig verlängerte Schwanzflosse.
Das Streifenmuster des Rumpfes variiert
stark von Tier zu Tier. Der ganze Körper ist
violettfarben. Lebt im Oberlauf des
Amazonas.

Brachyplatystoma sp. (Peru): 80 cm.
Mit *B. juruense* verglichen hoher Körper
und kürzere Schnauze. Breites, helles
Streifenmuster, nach oben gekrümmt.
Aus Peru importiert, scheint aber
eigentlich aus Brasilien zu stammen.
Die brasilianische Art hat ein dünneres
Streifenmuster und breitere Barteln.

Brachyplatystoma vaillanti: 70 cm. Lebt im ganzen Amazonasgebiet. Exemplare im Unterlauf und Mündungsgebiet sind silbrig. Tiere aus dem Oberlauf zunehmend schwarzbläulicher gefärbt.

Brachyplatystoma sp.: 60 cm. Große Körperhöhe, flache Schnauze mit großem Maul. Lebt im Mittellauf des Amazonas. Relativ friedfertiger Räuber, nicht sehr schwimmfreudig.

Duopalatinus sp.: 30 cm. Erscheint je nach Blickwinkel unterschiedlich stark bläulich gefärbt. Vor allem in den Flüssen Paraguays verbreitet. Unterscheidet sich von *Brachyplatystoma vaillanti* durch die Größe der Fettflosse.

Duopalatinus sp.: Größe unbestimmt. Über das ausgewachsene Tier ist nur wenig bekannt. Die größeren Exemplare wurden in Flußmündungen gefangen.

Merodontotus tigrinus (Jungtier): Violett gefärbter Körper mit unscharfer Streifenmusterung. Die Streifen stehen senkrecht zur Seitenlinie, scheinen sich aber mit dem Heranwachsen schräg zu legen.

Merodontotus tigrinus: 1 m. Die oberen und unteren Spitzen der Schwanzflosse sind fadenartig verlängert. Dieses in Madeira gefangene Exemplar besticht durch seine Schönheit.

Pimelodidae

Pseudoplatystoma fasciatum: 1 m.
Seit langem bekannter, typischer Vertreter
dieser Welse. Ruhig, aber reagiert auf
plötzliche Störung so heftig, daß mitunter
schon das Aquarium beschädigt wurde.
Zeigt verschiedenste Körperzeichnungen.

Pseudoplatystoma tigrinum: Netzartige
Zeichnung am Rücken, am Kopf dunkler.
Ähnelt in der Zeichnung der marmorierten
Variante von *P. fasciatum,* hat aber einen
längeren und schmaleren Kopf.

Pseudoplatystoma fasciatum var.:
Punktartig aufgelöste Zeichnung. Vor allem
im Mittellauf des Amazonas anzutreffen.

Pseudoplatystoma coruscans: 1,5 m.
Verglichen mit der gefleckten Variante von
P. fasciatum ist der Kopf breiter und kürzer.
Das Punktmuster und auch die Anzahl der
Punkte ist größer. Größte *Pseudoplatystoma-*
Art. Kommt in Paraguay vor.

Sorubim lima: 50 cm. Die obere Körperhälfte ist schwarz und golden gemustert. In Körperform und Musterung gibt es regionale Unterschiede. Häutet sich.

Sorubim lima (Jungtier): Bei den Jungtieren ist der untere Teil der Schwanzflosse verlängert.

Hemisorubim platyrhynchos: 60 cm. Besonderes Kennzeichen ist der vorspringende Unterkiefer. Mit dem Heranwachsen wird das Punktmuster immer kleiner und die Körperfärbung heller. In ganz Südamerika verbreitet.

Hemisorubim platyrhynchos (Jungtier): Auf dem cremefarbenen Körper befinden sich einige schwarze Flecken. Dieses schöne Tier sieht nach einer völlig anderen Art aus.

Duopalatinus malarmo: 40 cm. Ähnelt *Hemisorubim platyrhynchos,* aber der Unterkiefer des kürzeren Kopfes ist eher endständig. Schlanker Rumpf. Die Schwanzflosse ist auch bei ausgewachsenen Tieren vergleichsweise groß. Sehr lange Barteln. Friedfertig.

Pimelodidae

Sorubimichthys planiceps: 1,3 m. Ausgesprochen flacher, breiter Kopf und langer, schlanker Rumpf. Bevorzugt saure, fließende Gewässer. Schreckhaft, verletzt sich daher leicht an der Schnauze. Je nach Herkunft (Oberlauf, Unterlauf oder Nebenflüsse des Amazonas) variieren Körperform und Musterung etwas.

Sorubimichthys planiceps (Jungtier): Bei Jungtieren ist der ganze Körper braun gefärbt. Besondere Kennzeichen sind die schmetterlingsflügelartigen Brustflossen.

Goeldiella eques: 40 cm. Ähnelt *Auchenoglanis occidentalis* aus Afrika, aber Körperhöhe und Fettflosse sind größer. Die Lage der Barteln differiert ebenfalls. Friedfertig.

Platystomatichthys sturio: 40 cm. Das Maul ist bis hinter den Ansatz der Oberkieferbarteln gespalten. Um Verletzungen des Maules vorzubeugen, kann er in runden Aquarien gehalten werden.

Platystomatichthys sturio: Weiße Variante.

Pimelodidae sp.: Endgröße unbekannt. Wird vermutlich ziemlich groß. Schöner Wels mit schwarzen Punkten auf dem ganzen Körper.

Rineloricaria hasemani: 12 cm. Mit dem Heranwachsen wächst auf den Backen ein kleiner Stachel. Ernährt sich großteils tierisch. Seit langem als Loricaria bekannt.

Rineloricaria hasemani: Weiße Variante. Schwarze Augen, deshalb kein vollkommener Albino. Wird manchmal mit anderen Tieren zusammen importiert.

Rineloricaria lanceolata (Männchen): 12 cm. Schlanker Rumpf. Die Backen des Männchens sind dicht mit Borsten bewachsen. Gewöhnlich ist der Laich der Loricaria gelblich, bei dieser Art allerdings grünlich.

Rineloricaria fallax: 15 cm. Der ganze Körper ist mit einem hellblauen Netzmuster bedeckt. Als *Loricaria* im Handel. Schlanker Rumpf und Schnauze.

Rineloricaria lanceolata (Weibchen): Im Gegensatz zu *Loricaria*, die, wenn sie stilliegen, die Rückenflosse anlegen, stellt sie *R. lanceolata* auf. Die vordere Hälfte der Rückenflosse ist schwarz.

Rineloricaria latirostris: 20 cm. Mit dem Größerwerden wächst das ganze Gesicht dicht mit Borsten zu. Auf dem Körper kleinere Borsten. Aus der Gegend von Rio de Janeiro.

Loricariichthys sp.: 30 cm. Fleckenmuster am ganzen Körper. Lebt in kleinen, ruhig fließenden Armen des Amazonas-mittellaufs. Hält sich oft in Abschnitten mit feinem Sand auf.

Limatulichthys punctatus: 20 cm. Ähnelt *Rineloricaria,* aber die Körperhöhe fällt vom Kopf zur Rückenflosse hin sanft ab. Besonderes Merkmal sind die gut entwickelten Mundwerkzeuge.

Loricaria sp. (?): Etwa 30 cm lang. Von den Kiemen zieht sich eine schräge schwarze Linie zur Rückenflosse. In den Gewässern Paraguays verbreitet.

Ricola sp.: 25 cm. Dieser Verwandte der *Loricaria* mit stark verzweigten Barteln ernährt sich nur zu einem geringen Teil pflanzlich. Vor allem in Peru anzutreffen.

Pseudohemiodon sp.: Schlanker als *Ricola.* Kleiner als *Pseudohemiodon laticeps.*

Pseudohemiodon laticeps: 30 cm. Ausgesprochen flacher Körper. Versteckt sich gerne im Sand, weshalb er Ecken mit tiefem Sandboden benötigt. In den Gewässern Paraguays verbreitet.

Loricaria simillima: 20 cm. Kurzer Kopf mit verzweigten Barteln. Die Färbung variiert je nach Umgebung.

Spatuloricaria caquetae (Männchen): 35 cm. Flacher Kopf mit zahlreichen Borsten. Viele Barteln. Dicker Unterkiefer. In Südbrasilien beheimatet.

Spatuloricaria caquetae (Weibchen): Selten importiert.

Pyxiloricaria sp.: 30 cm. Lange, verzweigte Barteln.

Cteniloricaria fowleri (L 40 und L 53): 20 cm. Von Peru bis Brasilien weit verbreitete Art. Runder Kopf, breiter, im Schwanzbereich einge- schnürter Rumpf. Ernährt sich vor allem pflanzlich.

Hemiodontichthys acipenserinus: 15 cm. Besonderes Kennzeichen ist die vorspringende Schnauze. Bei Männchen ist der Oberkiefer sehr dick. Im gesamten Amazonas verbreitet, aber zahlenmäßig selten.

Cteniloricaria fowleri (L 40 und L 53): 20 cm. Breiter, im Schwanz- bereich eingeschnürter Rumpf. Ernährt sich vor allem pflanzlich.

53

Pterosturisoma microps: 25 cm. Cteniloricaria fowleri ähnlich. Allerdings ist der Kopf noch runder.

Lamontichthys sp.: 20 cm. Wird aus Peru importiert. Typisches Merkmal sind die fadenartig verlängerte Schwanz- und Rückenflosse. Selten importiert.

Lamontichthys filamentosus: 20 cm. Die Rücken-, Schwanz- und Brustflossen sind fadenartig verlängert. Stammt aus der gleichen Gegend wie das obere Exemplar. Dieses Exemplar mit der großen Körperhöhe ähnelt dem Royal Farlowella.

Lamontichthys filamentosus (Jungtier): Der Körper ist flacher und die Musterung einfacher als beim ausgewachsenen Tier.

Sturisoma barbatum: 25 cm. Der Schwanz-bereich ist nicht wie bei *S. aureum* eingeschnürt. Alle Flossen sind relativ klein. Ein besonderes Kennzeichen ist die immer angelegte Rückenflosse. Kommt sowohl in Paraguay wie auch in Peru vor, allerdings variiert die Körperform etwas.

Sturisoma aureum (Männchen): 25 cm. Am hinteren Teil der After-flosse ist der Körper stark eingeschnürt. Mit dem Heranreifen bilden sich bei den Männchen Borsten auf den Backen. Ernährt sich sowohl pflanzlich wie tierisch.

Sturisoma aureum (Weibchen): Die Weibchen haben eine dunklere Körperfarbe und sind einfacher gemustert. In Kolumbien verbreitet.

Farlowella acus: 15 cm. Die Rückenflosse liegt sehr weit hinten, fast auf gleicher Höhe mit der Afterflosse. Bevorzugt pflanzliche Nahrung wie Algen etc. Verlangt saures Wasser.

Farlowella gracilis: 20 cm. Längere Schnauze als der *F. acus.* Lebt im Unterlauf des Amazonas.

Farlowella sp.: 20 cm. Ausgesprochen langgezogener Kopf. Deut-lich sichtbar ist eine schuppenartige Schildkrötenpanzermusterung. Wird nur selten importiert.

Hypostomus plecostomus: 50 cm. Besonderes Merkmal der Gattung *Hypostomus* sind
die aus sieben Weichstrahlen der Rückenflosse und der vergleichsweise lange Rumpf.
Ernährt sich sowohl pflanzlich als auch tierisch.

Hypostomus sp. (Albino): Im Bergbereich des Araguaia gefangen.
Seltene Art, von der bisher nur vier Stück importiert wurden.

Hypostomus sp.: 20 cm. Hoher Körper, spitze Schnauze, kleines
Maul. Aufgestellt bildet die Rückenflosse ein fast gleichseitiges
Dreieck. Vergleichsweise aggressiv. Lebt in strömungsreichen
Gewässern in Paraguay.

Hypostomus sp.: 30 cm. Etwas längerer Kopf. Im Kopfbereich findet
sich ein kompliziertes Netzmuster. Kommt im Unterlauf des Amazonas vor. Wird nur selten importiert.

Hypostomus sp. (Jungtier)

Hypostomus sp.: 25 cm. Lebt in den Gewässern Paraguays. Trägt ein großmaschiges, orangenes Netzmuster. Wird nicht besonders groß. In letzter Zeit kaum mehr importiert.

Hypostomus sp: 25 cm. Spitze Schnauze mit kleinem Maul. Die große Rückenflosse bildet fast ein gleichseitiges Dreieck. Lebt im Unterlauf des Amazonas. Wird nur selten importiert.

Hypostomus sp.: Da es sich noch um ein Jungtier handelt, läßt sich seine künftige Gestalt noch nicht abschätzen, aber es handelt sich um ein schönes Exemplar mit großem Fleckenmuster.

Hypostomus sp.: Der Körper ist mit reizvollen Punkten bedeckt. Recht hoher Körper.

Hypostomus sp.: 25 cm. Großes Maul. Lebt in den Flußoberläufen in den Berggebieten von Paraguay.

Hypostomus sp.: Die Körperform ähnelt Peckoltia, aber die beweglichen Stacheln hinter den Kiemen fehlen. Kommt im Amazonas oft in der Gegend von Santarem vor.

Hypostomus punctatus (?): 20 cm. Die Körperform ähnelt H. plecostomus, aber dieses Exemplar ist kleiner und die Rückenflosse im Vergleich zur Körperhöhe groß.

Hemiancistrus sp. (?): Ähnelt Peckoltia, aber an der Flanke zeigen sich mehrere schwarze Streifen. Kommt im Unterlauf des Amazonas vor.

Loricariidae
Hypostominae

Hypostomus sp.: Aus Paraguay importierte Art mit starker, kleiner Punktmusterung. Dicker Schwanzstiel.

Hypostomus sp.: Langer, schlanker Schwanz. Deutlich gezeichnete Musterung auf dem hellen Körper. Ähnelt *Cochliodon*, weicht aber in einzelnen Merkmalen ab.

Hypostomus sp.: Langer, schlanker, flacher Körper. Der ganze Körper ist von kleinen Flecken übersät.

Hypostomus micromaculatus (?): 40 cm. Die Körperform ähnelt *Pterygoplichthys*, aber hier hat die Rückenflosse sieben Stahlen.

Hypostomus sp.: Diese Art wird im Rio Xingu und im Rio Tocantins gefangen. Weiße Flecken auf grauer Grundfärbung.

Hypostomus sp.: Flacher Körper und spitze Schnauze. Der verdickte erste Brustflossenstrahl ist dicht mit gekrümmten Dornen besetzt. Aus der niedrigen Körperhöhe schließt man, daß er weitab von der Strömung lebt.

Hypostomus sp. (?) (L 73): 25 cm. Langer, eckiger Kopf. Das Fleckenmuster der Flanken kann sich unter Umständen orange färben.

Scobinancistrus sp. (L 14): 45 cm. Diese Art lebt im Rio Xingu und im Rio Tocantins. Die Schwanzflosse ist sehr schön orange gerändert. Ausgesprochen selten.

Hypostomus margaritifer: 50 cm. Flacher Kopf mit großem Maul. Bei ausgewachsenen Tieren erreicht die Schwanzflosse 1,2 bis 1,5fache Körperhöhe. Sehr schöne Art.

Hypostomus margaritifer var.: Der Kopf ist nicht so flach und die Rückenflosse nicht so hoch. Das regelmäßig geordnete Fleckenmuster ist etwas dünn gestreut.

Baryancistrus sp. (?) (L 26): 40 cm. Das Fleckenmuster des ganzen Körpers ist weiß, nicht gelblich. Auch die Ränder der Rückenflosse sind nicht gelb gefärbt. Lebt im Rio Tocantins.

Baryancistrus sp. (?) (L 18): 30 cm. Der obere Teil von Rücken- und Schwanzflosse ist gelborange. Sehr schöne Art. Bei den Jungtieren tritt das Punktmuster sehr deutlich hervor, was ebenfalls sehr reizvoll ist.

Leporacanthicus galaxias: 25 cm. Verhältnismäßig langer, flacher Kopf. Das dichte Fleckenmuster der Flanken ist teilweise miteinander verbunden.

Pterygoplichthys gibbiceps var.:
Sehr schöne Art mit außerordentlich hoher Rückenflosse.

Pterygoplichthys gibbiceps: 50 cm. Die Körperform dieser Art ähnelt *Hypostomus,* aber die Rückenflosse hat über zehn Strahlen und ist im Vergleich zum Körper nicht so groß.

Pterygoplichthys gibbiceps var.: P. gibbiceps variiert stark, es kommen auch Exemplare wie dieses vor, mit hoher Rückenflosse und deutlicher Musterung.

Pterygoplichthys gibbiceps var.: Das Zentrum des Kopfes glänzt, als ob es mit Goldstaub bestreut wäre. Die Rückenflosse ist rotviolett gefärbt. Schönes Exemplar mit Leopardenzeichnung.

Pterygoplichthys sp.: Leicht mit *Hypostomus margaritifer* zu verwechseln, aber hier handelt es sich um einen *Pterygoplichthys.* Die Flecken der Musterung des rötlichen Körpers sind nicht kreisförmig.

Pterygoplichthys multiradiatus: 40 cm. Als Jungtier friedfertig, wird aber mit dem Heranwachsen immer aggressiver und greift andere Fische an. Lebt in den Gewässern Paraguays.

Pterygoplichthys sp.: Sieht wie ein *Hypostomus* aus, die Rückenflosse hat aber mehr Strahlen. Hier handelt es sich um einen Vertreter der *P. gibbiceps*-Gruppe.

Pterygoplichthys sp.: 30 cm. Oben am Kopf und an den Körperseiten befinden sich Fortsätze, die größer als bei anderen Fischen der gleichen Gattung sind. Kommt in Peru vor.

Pterygoplichthys sp.: 25 cm. Ähnelt dem vorhergehenden Exemplar, aber der Körper ist niedriger und der erste Strahl der Rückenflosse orange gefärbt. Kommt in Peru vor, sehr selten.

Pterygoplichthys anisitsi: 50 cm. Niedriger Körper. Die Musterung des Körpers verläuft oft V-förmig an den Schuppen entlang. Aggressiv. In Paraguay verbreitet.

Cochliodon cochliodon (L 50): Am ganzen, orangefarbenen Körper findet sich ein deutliches Fleckenmuster. Großer Kopf, der Rumpf verjüngt sich zum Schwanz hin stark.

Pogonopomoides parahybae: 20 cm. Breiter Augenbereich mit kleinen Augen. Keine Fettflosse.

Pseudorinelepis sp.: 20 cm. Große eckige Schuppen, keine Fettflosse. Viele Hell-Dunkel-Schattierungen am ganzen Körper, aber praktisch kein Fleckenmuster. In Peru verbreitet.

Pseudorinelepis pellegrini: 50 cm. In Peru verbreitet, besonderes Kennzeichen sind die knochenplattenartigen Schuppen. Rücken- und Schwanzflosse sind orange gefärbt. Sehr selten.

Ancistrus tamboensis (Männchen): 15 cm. Bei den ausgewachsenen Männchen finden sich im allgemeinen am Oberkiefer stark verzweigte Tentakeln und bewegliche Stacheln auf den Kiemendeckeln. Großes Maul.

Ancistrus tamboensis (Weibchen): Die Weibchen sind gewöhnlich kleiner und haben nicht so viele Tentakeln.

Ancistrus tamboensis (weiße Variante).

Ancistrus sp.: 15 cm. Braun gefärbter Körper ohne augenfällige Musterung. Wird oft als *Ancistrus* importiert, eine genaue Zuordnung ist aber schwierig.

Ancistrus hoplogenys: 15 cm. Fluoreszierende, hellblaue Fleckung, die aber mit dem Heranwachsen unschärfer wird und an Leuchtkraft verliert.

Ancistrus sp. (Weibchen): 15 cm. Diese Art oder Unterart mit dem im Vergleich zum Körper großen Kopf wurde erst vor kurzer Zeit im Flußgebiet des Rio Tocantins entdeckt.

Ancistrus sp. (Männchen): Die Auswüchse auf dem Kopf sind im Vergleich zu anderen *Ancistrus*-Arten ganz besonders dick und zahlreich.

Ancistrus sp.: 15 cm. Auf dem hellbraunen Körper stehen orangene Punkte dicht an dicht. Die dicken Auswüchse oberhalb des Maules sind an den Enden fein verzweigt.

Ancistrus sp.: Kräftiger Kopf mit zahreichen Auswüchsen.

Ancistrus sp.: Flacher Körper mit sehr schönen, kleinen Flecken übersät. Lebt im Mündungsgebiet des Amazonas. Wird nur in geringen Mengen importiert.

Ancistrus temminckii (Jungtier): 8 cm. Vergleichsweise kleiner Ancistrus, den Männchen wächst kaum ein „Geweih".

Ancistrus sp.: Alle Flossen sind mit einem hellen Braun gerändert.

Dekeyseria scaphirhyncha: 20 cm. Es werden Exemplare mit unterschiedlicher Flossenfarbe und Musterung, mit und ohne Flecken importiert, und da sie von verschiedenen Orten stammen, besteht die Möglichkeit, daß es sich um unterschiedliche Arten handelt.

Dekeyseria scaphirhyncha: Dunkler Körper mit kleinen Flecken. Am Maul entlang stehen viele kleine Borsten.

Parancistrus aurantiacus: 20 cm. Besondere Kennzeichen sind die mit der Fettflosse verwachsene, aus sieben Weichstrahlen bestehende Rückenflosse und die beweglichen Borsten an den Kiemendekkeln. Reagiert empfindlich auf abgestandenes Wasser.

Parancistrus aurantiacus (Einzelexemplar mit verblichener Farbe): Lebt im gleichen Gebiet wie die dunkle Form und tritt manchmal unter sich im tiefen Wasser aufhaltenden Artgenossen auf. Kehrt innerhalb eines Monats allmählich zu seiner ursprünglichen Farbe zurück.

Parancistrus aurantiacus var.: Exemplar mit kleiner Musterung auf dem ganzen Körper. Während der gewöhnliche Typ in der Nähe der Flußmündung lebt, ist dieses Tier etwa 500 km weiter stromaufwärts gefangen worden. Vermutlich eine lokale Variante.

Parancistrus aurantiacus var.: Auch dieses Tier ist vermutlich eine Standortvariante. Alle Varianten bilden Gruppen.

Parancistrus sp. (Jungtier) (L 30): Bei Jungtieren ist der Körper kontrastreich schwarz, mit weißen Flecken gefärbt.

Parancistrus aurantiacus: Wieder eine Variante, mit großen, unscharfen weißen Flecken auf dem ganzen Körper.

Parancistrus sp. (L 31): 15 cm. Großer Kopf. Breiter, rundlicher Körper. Die Körperfleckung ist bei den Jungtieren hellblau fluoreszierend. Eng verwandt mit *Parancistrus aurantiacus.*

Parancistrus sp. (L 47): 25 cm. Ähnelt der Gattung *Hemiancistrus,* aber die beweglichen Stacheln an den Kiemendeckeln fehlen. Außerdem sind die Schuppen der Bauchseite kleiner. Lebt im Gebiet des Rio Xingu. Rücken- und Schwanzflosse sind gelb gerändert.

Parancistrus sp.: 20 cm. Rötliche Augen. Die Körperfarbe wird mit dem Heranwachsen gräulich. Großformatige Art mit großen, unscharfen weißen Punkten.

Parancistrus sp. (Jungtier)

Chaetostoma wuchereri: 7 cm. Liebt fließende, sehr sauerstoffreiche Gewässer.

Chaetostoma thomasi: 7 cm. Wird zusammen mit verschiedenen anderen Chaetostoma importiert. Der Körper weist breite Bänder auf.

Chaetostoma sp.: Wird aus Peru und Kolumbien importiert. Ein Vertreter der Chaetostoma, der aber von Buch zu Buch mit unterschiedlichen Namen belegt wird.

Lithoxus sp.: Flacher Körper, viele lange, bewegliche Hackenstacheln an den Kiemendeckeln. Bei Jungtieren ist der hintere Teil des Körpers braun. Die Punkte sind sehr klein.

Loricariidae
Ancistrinae

Peckoltia vittata: 10 cm. Der Bereich der Kiemendeckel ist mit vielen, beweglichen Stacheln bedeckt. Besonderes Kennzeichen der Gattung ist die vergleichsweise geringe Körpergröße. Vor allem von pflanzlicher Nahrung. Beschädigt Wasserpflanzen.

Peckoltia vittata var.: Einzelexemplar mit unscharfem Muster. Gewöhnlich befinden sich zwischen den feinen gelborangen Streifen unterbrochene, unscharfe Linien, es gibt aber zahlreiche Übergangsformen.

Peckoltia sp. (L 2): 12 cm. Verglichen mit *Peckoltia vittata* ist der Körper breiter und der Kopf spitzer. Jungtiere tragen ein braunes Streifenmuster, das mit dem Heranwachsen unschärfer wird.

Peckoltia sp. (L 15): 12 cm. Der Körper ist normalerweise mit regelmäßigen, breiten Streifen bedeckt. Im Gebiet des Amazonasunterlaufs verbreitet. Wächst sehr schnell.

Peckoltia platyrhyncha: 10 cm. Im Verhältnis zur Körperhöhe ist der Rumpf kurz. Der Kopf ist eckig und mit einem komplizierten Netzmuster bedeckt.

Peckoltia sp. (L 80): Die Augen sind oval und liegen relativ weit oben. Da es sich hier um ein Jungtier handelt, ist eine sichere Zuordnung noch schwierig.

Peckoltia sp. (Belem): 12 cm. In den Flußunterläufen in der Gegend von Belem gefangen. Der Körper ist mit einer wolkenartigen Musterung bedeckt, auf dem Kopf erscheinen Flecken wie bei der folgenden Art, aber größer.

Peckoltia sp. cf. brevis (Peru): 12 cm. Vergleichsweise große Körperhöhe und großer Kopf. Bei den Jungtieren ist die hintere Körperhälfte gestreift, der Kopfbereich mit kleinen Punkten bedeckt. Kommt in Peru vor.

Hypancistrus zebra: Über 10 cm? Auf dem weißen Körper schwarze Zebrazeichnung. Alle Flossen leuchten hellblau. 1988 entdeckte, äußerst seltene Art. Lebt in Steinritzen in strömungsreichen Gewässern.

Peckoltia sp. (L 70): Körperform und Musterung ähneln *P. vittata,* aber der ganze Körper ist mit einer feinen, salzkornartigen Musterung bedeckt.

Peckoltia pulchra: 12 cm. Flacher, Körper. Bevorzugt strömungsreiche Gewässer. Lebt im Mittellauf des Amazonas. In schwachsaurem Wasser bringt er ein schönes Bändermuster hervor.

Peckoltia sp.: 12 cm. Im Vergleich zur Iris ist die Pupille klein. Der graue Körper trägt ein unscharfes Streifenmuster. Die Augen glänzen goldfarben.

67

Panaque nigrolineatus (Jungtier): Jungtiere zeigen die Streifenzeichnung nicht. Die Art ist untereinander sehr aggressiv.

Panaque nigrolineatus var.: Eine Variante von *P. nigrolineatus*, bei der die Flossenränder unregelmäßig verlängert sind. Tritt nur selten auf.

Panaque sp.: 60 cm. Im Vergleich zu *P. nigrolineatus* lange Schnauze und breiter Kopf. Wird sehr groß. Erst kürzlich im Mündungsgebiet des Amazonas entdeckt.

Panaque albomaculatus: 30 cm. Bei Jungtieren ist der Bauch- und Schwanzbereich mit Punkten gemustert. Im Heranwachsen löst sich auch der gestreifte Bereich zu einem Punktmuster auf.

Panaque sp.: Die Stacheln der Kiemendeckel sind besonders lang, die Schnauze gerundet. Die Flanken sind mit einer unscharfen Fleckenmusterung bedeckt. Stammt aus Peru. Die Spitzen der Schwanzflosse sind fadenartig ausgezogen.

Panaque suttoni: 30 cm. Leuchtend hellblaue Augen, schwarzer Körper. Allerdings gibt es viele Varianten. Bevorzugt niedrigere Wassertemperaturen.

Panaque suttoni var.: Exemplar mit ausgezogenen Schwanzflossenspitzen und heller Körperfarbe. Vermutlich eine Standortvariante.

Panaque sp.: 70 cm. Eine besonders große und hohe Art der Panaque aus Peru. Der Körper ist mit kleinen schwarzen Flecken bedeckt.

Acanthicus adonis: 1 m. Im Vergleich zu *A. hystrix* ist der Kopf länger, kurze Borsten von den Backen bis zum Maul. Die Jungtiere tragen großflächige, weiße Flecken, die mit dem Heranwachsen kleiner werden und schließlich verschwinden. Je größer, desto aggressiver.

Acanthicus hystrix: 80 cm. Die Gattung *Acanthicus* trägt auf dem ganzen Körper eine Unzahl stumpfer Stacheln, besondere Kennzeichen sind die acht Weichstrahlen der Rückenflosse und das Fehlen der Fettflosse. Diese Art hat einen flachen Kopf und keine ins Auge fallende Musterung. Aggressiv.

Pseudacanthicus spinosus: 35 cm. Exemplar mit hohem, breitem Körper. Lebt im Unterlauf des Amazonas. Am ganzen Körper befinden sich stumpfe, harte Fortsätze.

Pseudacanthicus sp. (Jungtier): Rücken- und Schwanzflosse sind leuchtend hellbraun gefärbt, auf den Flanken ein deutliches Fleckenmuster. Wie er sich mit dem Heranwachsen verändern wird, ist noch ungewiß.

Pseudacanthicus sp. (L 25): 40 cm. Der ganze Körper ist schwarz und graubraun streifenartig gemustert. Die verdickten Randstrahlen aller Flossen sind intensiv rotorange gefärbt. Sehr selten.

Pseudacanthicus sp. (L 24): 30 cm. Kleine Fortsätze, dicker Schwanzbereich. Kleine Pupillen mit silberweißen Augen. Lebt im Unterlauf des Amazonas.

Pseudacanthicus sp.: 30 cm. Diese Art trägt eine besonders große Rückenflosse und ein deutliches Netzmuster. In den Flüssen der Berggegend um Goiania gefangen. Vergleichsweise selten.

Pseudacanthicus sp. (L 4): 30 cm. Niedriger Körper, lange Schnauze. Das Fleckenmuster des ganzen Körpers ist orange oder milchig weiß. Kommt im Amazonasunterlauf vor.

Leporacanthicus galaxias: 25 cm. Auf dem samtigen Schwarz befinden sich weiße Flecken. Besonderes Kennzeichen ist der etwas längere Kopf. Im Unterlauf des Amazonas verbreitet.

Leporacanthicus sp (?): 30 cm. Jungtiere tragen ein deutliches Schlangenmuster. Vielleicht handelt es sich nur um eine regionale Variante der vorigen Art. Sehr selten.

Pseudacanthicus sp. (?): Stammt aus dem Mittellauf des Amazonas. Schwarzer Körper mit weißen Flecken, die an den Flossen streifenartig werden. Es ist noch ungewiß, wie er sich mit dem Heranwachsen verändern wird.

10 cm. Verglichen mit *H. thoracatum* hat er einen langen Kopf. Amazonasgebiet.

Oxyropsis carinatus: 10 cm. Kurzer Kopf, unscharfe, schwarze Bänder auf den Flanken. Amazonasunterlauf.

Otocinclus arnoldi: 4 cm. Trägt in der Mitte der Flanken jeweils einen schwarzen Streifen, der sich im Schwanzbereich verbreitert. Er kann sich auch punktartig auflösen. Ernährt sich vor allem pflanzlich.

Otocinclus affinis: Typisches Merkmal sind die Portsätze am Kopf.

Otocinclus sp.: 4 cm.

Otocinclus vittatus: 5 cm.

Otocinclus flexilis: 5 cm

Otocinclus paulinus: 4 cm. Kleine Augen. Mit seinen starken Kiefern kann er auch fest angewachsene Algen gut abfressen.

Parotocinclus maculicauda: 7 cm. Ähnelt *Otocinclus,* hat aber eine Fettflosse. Die ersten Strahlen von Brust- und Rückenflosse sind rötlich. Südbrasilien.

Loricariidae sp.: Von dieser groß werdenden Art, die im Mündungsgebiet des Amazonas vorkommt, wurde in der Vergangenheit nur ein Exemplar importiert. Die kleine Fettflosse unterscheidet sie von *Acanthicus.*

Loricariidae sp.: Der Körper ist mattschwarz gefärbt. Im vorderen Teil des Rückenflossenansatzes befindet sich ein goldfarbener Bereich. Kommt in der Gegend von Belem vor.

Loricariidae sp.: War direkt nach der Einfuhr weißlich wie das Exemplar links, färbte sich aber in kurzer Zeit schwarz.

Loricariidae sp.: Eine peruanische Art mit einem gabelartig zweigeteilten Schwanz und einem schlanken, aber hohem Körper als besondere Kennzeichen. Selten importiert.

Aphanotorulus sp. (L 35): Kommt in Brasilien vor. Bei Jungtieren sind die Spitzen von Brust- und Schwanzflossen orange. Sehr ähnliche Tiere werden auch aus Venezuela und Peru importiert.

Scobinancistrus pariolispos (?): Sehr schöne Art, bei der besonders die orangen Punkte ins Auge fallen.

Callichthyidae
Callichthyinae

Callichthys callichthys: 20 cm. Schwimmt mit schlängelnden Bewegungen. Dünne Haut, reibt sich leicht wund. Es gibt Exemplare mit und ohne Punktmusterung.

Hoplosternum thoracatum (Jungtier): Die Jungtiere tragen ein konstrastreiches schwarz-silberweißes Streifen- oder Fleckenmuster.

Hoplosternum thoracatum: 20 cm. Die Dornen der Brustflossen sind bei den Männchen rotbraun bis rot. Das Ende der Schwanzflosse ist nicht eingekerbt, sondern geradlinig.

Hoplosternum sp.: 12 cm. Jungtiere tragen ein Streifenmuster, das mit dem Heranwachsen zu einem Fleckenmuster aufbricht. Kleiner als die anderen Hoplosternum.

Hoplosternum pectorale: 20 cm. In etwa die gleiche Körperform wie H. thoracatum, bei den Männchen ist aber der Dorn der Rückenflosse orange und der helle Körper mit Punkten bedeckt.

Hoplosternum pectorale (Jungtier): Die Jungtiere haben einen hohen Schwanzstiel.

Dianema urostriatum: 12 cm. Auf der Schwanzflosse befindet sich ein schwarz-weißes Streifenmuster. Größer als *D. longibarbis.*

Dianema longibarbis: 10 cm. Flacher Kopf mit spitzem Maul. Peru.

Hoplosternum littorale: 20 cm. Er unterscheidet sich von den anderen Hoplosternum durch die karpfenartige Schwanzflosse und das vorstehende Maul, das dem der *Dianema* ähnelt. Es gibt einfarbig schwarze Exemplare, aber auch Tiere mit kleinen Flecken.

Corydoras trilineatus: 4 cm. Der ganze Körper ist mit einer wurmartigen Zeichnung bedeckt. Der große, schwarze Fleck in der Rückenflosse ist sehr deutlich.

Corydoras julii var.: 4 cm. Von C. julii existieren verschiedene Varianten, auch Jungtiere von C. trilineatus werden oft mit ihm verwechselt.

Corydoras julii var.: Diese Variante tritt im Amazonasunterlauf auf (mit kleinen Punkten). Wird oft mit C. punctatus verwechselt.

Corydoras trilineatus: 4 cm. Über und unter der schwarzen Linie in der Körpermitte befindet sich eine an den Schuppen entlanglaufende Streifenzeichnung. Der Kopf trägt ein netz- oder wellenartiges Muster.

Corydoras trilineatus var.: Exemplar mit undeutlichen Punkten. Bei C. trilineatus treten noch viele andere Varianten auf. Die Jungtiere werden oft für C. julii gehalten.

Corydoras copei: 4 cm. Besondere Kennzeichen sind das schwarze Band an den Augen und der schwarze Fleck in der Rückenflosse. Die Zeichnung an der Seite kann sich punkt- oder wurmartig ausbilden.

Corydoras leopardus: 7 cm. Lange Schnauze, hoher Körper. Ähnelt in der Färbung *C. trilineatus,* ist aber größer. Lebt im Unterlauf des Amazonas.

Corydoras leopardus: Exemplar mit kleiner Musterung.

Corydoras agassizii var.: Vermutlich eine Variante von *C. agassizii.* Hoher Körper, deutliche Fleckenzeichnung an den Flanken, der schwarze Fleck in der Rückenflosse reicht nicht bis zum Rücken. Größer als *C. agassizii.*

Corydoras ambiacus: Der schwarze Fleck in der Rückenflosse reicht bis zum Rücken. An den Augen befindet sich ein unscharfes, schwarzes Band. Die Fleckung der Flanken ist vergleichsweise großflächig und kontrastreich. Peru.

Corydoras agassizii: 6 cm. Bei der Länge der Schnauze gibt es große Unterschiede. Der schwarze Fleck in der Rückenflosse reicht bis zum Rücken. An den Augen befindet sich ein unscharfes, schwarzes Band. Die Flanken sind wurmartig gemustert.

Corydoras sp. cf. agassizii: 6 cm. Ähnelt in Körperform und Farbe C. leopardus und C. agassizii, aber der schwarze Fleck in der Rückenflosse fehlt, und die Flankenzeichnung ist unscharf. Besonderes Kennzeichen ist die Goldfärbung des Kopfes.

Corydoras ornatus: 6 cm. Besondere Kennzeichen sind die Längsstreifen in der Körpermitte, sowie darunter und darüber. Die Breite dieser Streifen variiert stark, auch sind sie oft unterbrochen.

Corydoras pulcher: 6 cm. Ziemlich niedriger Körper, recht spitze Schnauze. Der erste Strahl der Rückenflosse ist milchig weiß und verdickt. Die Rückenflosse der Männchen kann sehr groß werden.

Corydoras ambiacus: 5 cm. Ähnelt C. pulcher, aber der Körper ist niedriger und der Kopf länger. Der erste Strahl der Rückenflosse ist schwarz. Die Fleckenzeichnung auf den Seiten verschmilzt oft zu Linien.

Corydoras sp.: 5 cm. Die Körperform ähnelt C. ambiacus. Von der Rückenflosse zieht sich ein schwarzer Fleck bis auf den Rücken. Der Kopf ist hellorange. Die seitlichen Flecken fließen nicht linienartig ineinander.

Corydoras sp.: 5 cm. Der Kopf ist rötlich. Über den Augen und von der Rückenflosse bis zum Rücken herab zieht sich eine ganz helle Punktzeichnung. Die Punkte an den Flanken sind oft sehr klein.

Corydoras orphnopterus: 8 cm. Die Jungtiere haben einen niedrigen Körper und einen spitzen Kopf. Mit dem Heranwachsen wird der Körper höher. Die seitlichen Flecken und der schwarze Fleck in der Rückenflosse sind klein.

Corydoras sychri: 5 cm. Die Rückenflosse ist transparent. Die Musterung ist nur sehr klein; großflächige, schwarze Punkte gibt es nicht. Besonderes Merkmal ist das schwarze Band an den Augen, das breiter als die Augen selbst ist.

Corydoras atropersonatus: 4 cm. Ähnelt *C. sychri*, aber der Kopf ist nicht so spitz und der Körper kleiner. Die seitliche Zeichnung fällt je nach Exemplar kleiner oder größer aus. Das schwarze Band an den Augen ist schmaler als die Augen selbst.

Corydoras sp.: 4 cm. Ähnelt *C. atropersonatus,* aber die Körperfarbe ist etwas stumpfer und die Punkte auf dem ganzen Körper liegen sehr dicht. Die ersten Strahlen der Rückenflosse sind schwarz, der Kopf gelblich.

Corydoras leucomelas: 4 cm. Rundliche Körperform. Die Flecken auf den Flanken sind groß und zum Teil verbunden. Das schwarze Band auf Rücken und Augen ist je nach Exemplar unterschiedlich dunkel.

Corydoras sp. cf. leucomelas: Sieht auf den ersten Blick wie *C. atropersonatus* aus, aber schon die Flecken auf den Flanken lassen auf *C. leucomelas* mit verblichenem schwarzen Fleck in der Rückenflosse schließen.

Corydoras melanistius melanistius: 5 cm. Am Kopf eine deutliche goldene Linie. Die seitlichen Punkte sind klein, Varianten gibt es fast nicht.

Corydoras sp. Cf. melanistius

Corydoras melanistius brevirostris: 5 cm. Größer und höher als *C. m. melanistius.* Von der Rückenflosse zieht sich ein großer schwarzer Fleck bis auf den Rücken. Die seitlichen Punkte sind recht groß.

Corydoras sp. cf. melanistius brevirostris: 4 cm. Körperform und -färbung ähneln *C. melanistius brevirostris,* aber dieses Exemplar ist etwas kleiner. Entwickelt oft einen verlängerten ersten Weichstrahl in der Rückenflosse.

Corydoras surinamensis (?): 4 cm. Die Weichstrahlen der Rückenflosse sind kammartig verlängert. Von der Rückenflosse zieht sich ein deutlicher großer, schwarzer Fleck bis zum Rücken. Die Flecken an den Flanken sind linienartig verbunden.

Corydoras schwartzi: 5 cm. Hoher Körper, kleiner Kopf. Bei manchen Tieren ist der erste Weichstrahl der Rückenflosse verlängert. Auf den Flanken befinden sich gewöhnlich vier schwarze Linien. Die ersten Strahlen von Rücken- und Brustflosse sind weiß.

Corydoras delphax: 7 cm. Spitzer Kopf, langer Rumpf. An den Schuppen entlang verlaufen schwarze Punkte, es gibt aber viele Varianten. Der Schulterbereich ist hellbraun.

Corydoras delphax: 7 cm. Am Kopf findet sich eine goldfarbene Linie. Die Fleckenzeichnung fließt in der Körpermitte oft streifenartig zusammen.

Corydoras sp.: 7 cm. Die Körperform ähnelt *C. delphax,* aber außer den schwarzen Streifen über den Augen und von der Rückenflosse bis auf die Flanken hat er keine Zeichnung. Der Kopf ist hell gefärbt.

Corydoras bicolor: 5 cm. Die Färbung ähnelt der vorhergehenden Art, aber der Kopf ist eckiger und das Maul nicht so vorstehend. Die Rückenflosse ist nur in der Gegend des ersten Strahls schwarz. Auf den Seiten finden sich entlang der Schuppen undeutliche dunkle Flecken.

Corydoras sp: Ist wie *C. bicolor* gefärbt, aber ohne den schwarzen Fleck auf dem Rücken.

Corydoras evelynae: 4 cm. Die Körperform ist gerundet. Ab Augenhöhe verlaufen über den Rücken große schwarze Flecken, an der Flanke oft zwei bis drei linienartige Punktreihen.

Corydoras sp.: 4 cm. In der Färbung ähnlich *C. evelynae,* aber der Körper ist niedriger. An der Flankenmitte befindet sich eine sägezahnartige Zeichnung. Vom Kopf bis zum Rücken zieht sich eine Marmorzeichnung.

Corydoras sp.: 3 cm. Bei Jungtieren verläuft oberhalb der Augen und von der Rückenflosse bis zur Schwanzflosse auf dem Rücken eine schwarze Linie, die sich mit dem Heranwachsen auflöst.

Corydoras loretoensis: 4 cm. Eckiger Kopf, oft sind die ersten Strahlen der Rückenflosse verlängert. Der Körper ist weiß gefärbt. Die Intensität des schwarzen Bandes an den Augen ist sehr variabel. Es kann auch völlig fehlen.

Corydoras xinguensis: 4 cm. Der Körper ist rötlich gefärbt und trägt viele sehr regelmäßige Punkte. Allerdings gibt es auch Exemplare fast ohne Flecken.

Corydoras polystictus: 4 cm. Ähnlich gefärbt wie *C. xinguensis.* Rundliche Körperform, kurzer Rumpf. Der Name bedeutet zwar „mit vielen Punkten", aber es gibt auch Exemplare ohne Punkte.

Corydoras polystictus: Exemplar ohne Punkte. Helle Körperfarbe.

Corydoras caudimaculatus: 5 cm. Die Körperform ähnelt *C. polystictus.* Besonderes Merkmal ist der schwarze Fleck im Schwanzbereich. Die Zeichnung auf den Flanken und die Größe des schwarzen Flecks variieren je nach Exemplar.

Corydoras sp.: 5 cm. Ähnelt *C. caudimaculatus,* aber der Rumpf ist länger und der schwarze Fleck auf dem Schwanz ist fast nicht vorhanden. Größe und Intensität des dunkelblauen Bereichs an der Schwanzflosse sind sehr variabel.

Corydoras sodalis: 7 cm. Körperform und Zeichnung können stark variieren. Gewöhnlich trägt er ein Netzmuster.

Corydoras reticulatus: Ein Tier mit Punktzeichnung. Die Exemplare mit Punkten scheinen einen eher höheren, die mit an den Schuppen entlang verlaufender Linienzeichnung einen eher niedrigeren Körper zu haben.

Corydoras sterbai: 5 cm. Vom Kopf ab trägt der Rücken ein feines Netzmuster oder eine weiße Punktzeichnung. An den Seiten sind vier bis sechs schwarze Linien. Brust- und Bauchflossen sind orange.

Corydoras haraldschultzi: 6 cm. Etwas vorstehendes Maul. Auf dem Kopf kleine Punkte, an den Seiten vier schwarze Linien. Brust- und Bauchflossen sind leuchtend orange.

Corydoras sp. cf. maculifer: 6 cm. Körperform und -färbung ähneln der von *C. haraldschultzi*, aber hier ist der Kopf länger und Brust- und Bauchflossen sind transparent. Die Färbung ist etwas rötlich.

Corydoras sp. cf. maculifer: 5 cm. In der Färbung ähnelt er der vorhergehenden Art, aber das Maul steht nicht vor. Die schwarzen Linien liegen paarweise ober- und unterhalb der Körpermitte. Wird als *C. haraldschultzi* gehandelt.

Corydoras sp. cf. maculifer: 5 cm. Großflächige Fleckenzeichnung auf den Seiten, das nicht linienartig zusammenfließt. Kommt vermutlich allein wie auch im Schwarm vor.

Corydoras robineae: 7 cm. Rumpf und Kopf sind lang. Die groß- flächige Fleckenzeichnung reiht sich zu etwa drei Linien aneinander, die sich im Schwanzbereich verbinden. Die Schwanzflosse ist längsgestreift.

Corydoras concolor: 4 cm. Runder Kopf, kurzer Rumpf. Die Körperfärbung variiert von mehr oder weniger hellem blaugrau bis fast zu dunkelblau. Bei der Rotfärbung der Flossen gibt es ebenfalls sehr große Unterschiede.

Callichthyidae
Corydoradinae

Corydoras aeneus: 7 cm. Die im Vergleich zur Körperlänge kleinen Flossen sind das besondere Kennzeichen dieser Gruppe. Diese Art ist unempfindlich, vermehrt sich gut und legt viele Eier ab.

Corydoras aeneus: Hochflossige Form.

Corydoras aeneus (Albino): Wenn man von Albinos der *Corydoras* spricht, handelt es sich gewöhnlich um *C. paleatus,* aber das hier abgebildete Tier ist *C. aeneus.*

Corydoras aeneus var. (?): Der Körper ist blaßgrau gefärbt, von der Schulter zieht sich eine goldfarbene Linie bis zur Rückenmitte.

Corydoras melanotaenia: 7 cm. Vorspringende Schnauze, langer Rumpf. In der Färbung ähnlich *C. aeneus,* aber die seitliche Fleckung ist grüngelblich und großflächig. Reagiert empfindlich auf Veränderungen seiner Umgebung.

Corydoras zygatus: 7 cm. Vorstehendes Maul, kleine Augen. Je nach den Gegebenheiten fällt die Rotfärbung unterschiedlich stark aus und kann *C rabauti* ähneln. Nicht sehr schwimmfreudig.

Corydoras rabauti: 6 cm. Runder Kopf. Starke Rotfärbung. Es gibt auch Exemplare, die in der Körpermitte vom Kopf bis zum Schwanzbereich gelblich gefärbt sind.

Corydoras potaroensis: 6 cm. Trägt außer dem schwarzen Band an den Augen keine Zeichnung, auch die Flossen sind einfarbig. Es gibt auch sehr ähnliche Exemplare mit ausgesprochen vorstehendem Maul, die größer werden.

Corydoras panda: 5 cm. Großer Kopf. Über den Augen in der Rückenflosse und auf dem Schwanz findet sich eine schwarze Zeichnung, aber es gibt auch Exemplare ohne schwarzen Fleck in der Rückenflosse. Braucht sehr viel Futter.

Corydoras panda var.: Variante mit langer Schwanzflosse.

Corydoras melini: 4 cm. Kurzer Rumpf. Vom Ansatz der Rückenflosse zieht sich ein schwarzes Band bis zum unteren Teil der Schwanzflosse. Das schwarze Band ist geradlinig und berührt die Fettflosse nicht.

Corydoras sp.: 5 cm. Körperform und Färbung liegen genau zwischen C. melini und C. davidsandsi. Das Band berührt die Fettflosse nicht.

Corydoras davidsandsi: 6 cm. Es gibt Exemplare mit unterschiedlich langem Rumpf und spitzem oder rundem Kopf. Das schwarze Band am Rücken ist gerade und berührt die Fettflosse.

Corydoras metae: 5 cm. Rundlicher Körper. Bei den Jungtieren kann die Spitze der Rückenflosse unregelmäßig verlängert sein. Das schwarze Band beschreibt einen Bogen. Die Intensität der schwarzen Zeichnung kann stark variieren.

Corydoras arcuatus: 6 cm. Von der Spitze des Mauls zieht sich ein schwarzes Band über den Rücken bis zum Schwanz. Mit dem Heranwachsen verblaßt die Färbung, der Kopf wird goldfarben.

Corydoras narcissus: 8 cm. Hoher Körper mit vorstehendem Maul. Das schwarze Band reicht bis zur unteren Spitze der Schwanzflosse. Die Färbung bleibt auch nach dem Heranwachsen leuchtend. Wächst schneller als *C. arcuatus* und wird auch größer.

Corydoras narcissus: Das schwarze Band ist unscharf und steigt von den Augen vertikal ab. Das Maul steht noch weiter vor als bei dem vorhergehenden Tier.

Corydoras axelrodi: 4 cm. Bei schönen Exemplaren glänzt der Rückenbereich goldfarben. Hier handelt es sich vermutlich um eine regionale Variante mit hohem, stark rötlichem Körper. Es sind auch Exemplare mit einem schmalen seitlichen Streifen bekannt.

Corydoras sp. cf. axelrodi: 4 cm. Die Körperform ähnelt *C. axelrodi,* aber die Spitze der Rückenflosse ist oft verlängert. Große Variationsbreite bei der Flankenzeichnung. Schwimmfreudig.

Corydoras habrosus: 3 cm. Eckiger Kopf. Die Flecken auf dem Körper können entweder punkt- oder linienförmig ausgebildet sein.

Corydoras bondi bondi: 6 cm. Eckiger Kopf, niedriger Körper. Graue Färbung. Kleine Punkte auf dem ganzen Körper.

Corydoras bondi copenamensis: 6 cm. Verglichen mit *C. bondi bondi* ist der Körper höher und der Kopf runder. Der Körper ist hell bleifarben, unterhalb des schwarzen Bandes in der Körpermitte finden sich gewöhnlich keine Flecken.

Corydoras loxozonus: 5 cm. Großer, runder Kopf. Erweckt den Eindruck eines Hybriden, ist aber eine eigenständige Art.

Corydoras osteocarus: 6 cm. Niedriger, *C. bondi bondi* ähnelnder Körper. Die schwarze Linie in der Körpermitte ist schmal und immer wieder unterbrochen.

Corydoras baderi: 5 cm. Eckiger Kopf. Die Färbung ähnelt *C. nattereri,* aber die Färbung ist hell und das schwarze Band in der Körpermitte ist dick und kurz. Schwarze Augen.

Corydoras sanchesi: 4 cm. Es gibt auch Exemplare mit kleinen Flecken auf dem ganzen Körper.

Callichthyidae
Corydoradinae

Corydoras elegans: 4 cm. Oft treten ein am Rücken entlanglaufendes schwarzes Band und darunter, in der Körpermitte, eine unterbrochene schwarze Linie auf. Die Zeichnung ist aber sehr variabel.

Corydoras elegans (Weibchen): Bei den Weibchen ist die Zeichnung oft einfacher.

Corydoras elegans var.: Vom Kopf zieht sich eine gerade, goldfarbene Linie bis zum Schwanz. Wurde früher als *C. pestai* bezeichnet, dieser Name ist aber ein Synonym von *C. elegans.*

Corydoras napoensis: 4 cm. Auf der Rückenflosse findet sich ein großer schwarzer Fleck. In der Körpermitte sowie darunter und darüber sind schwarze Linien, zwischen denen sich bei den Männchen eine leuchtende, regelmäßige Musterung befindet.

Corydoras undulatus: 5 cm. Hoher Körper, runder Kopf. Ähnelt in der Färbung *C. napoensis,* ist aber rötlicher.

Corydoras latus: 10 cm. Vielleicht der größte (nicht der längste) Vertreter dieser Gattung. Bei den Männchen sind die Spitzen von Rücken- und Bauchflosse verlängert, je nach Exemplar zeigt sich an den Flanken ein Netzmuster.

Corydoras latus

Corydoras guapore: 4 cm. Spitzes Maul, flacher Kopf. Von der Seite betrachtet ist der Körper beinahe rhombenförmig. Bei *C. elegans* liegen die Augen im allgemeinen niedrig, bei dieser Art ist es aber besonders auffällig.

Corydoras sp.: 5 cm. Für *C. elegans* wäre der Rumpf ziemlich lang. In der Färbung ähnelt er dem *C. aeneus,* in der Kopfform *C. elegans.*

Corydoras hastatus: 2 cm. Vielleicht der kleinste *Corydoras.* Er unterscheidet sich in der Art der Eiablage von den anderen *Corydoras,* da er nicht alle Eier auf einmal, sondern täglich nur einige wenige ablegt.

Corydoras pygmaeus: 3 cm. Niedriger Körper, spitzes Maul. Zwar nicht so agil wie *C hastatus,* schwimmt aber, wenn er im Schwarm gehalten wird, sehr viel umher.

Callichthyidae
Corydoradinae

Corydoras barbatus: 12 cm. Im Gegensatz zu den anderen Vertretern dieser Gattung sind bei C. barbatus und bei C. macropterus die Backen dicht mit Borsten bewachsen. Diese beiden Arten wurden früher als eigene Gattung unter dem Namen Scleromystax geführt.

Corydoras barbatus (Weibchen): Den Weibchen fehlen die Borsten auf den Backen, Rücken- und Brustflossen sind auch nicht verlängert. Die Färbung ist heller als bei den Männchen und am Kopf fehlt der leuchtende Fleck.

Corydoras ehrhardti: 7 cm. Die Fleckenmusterung ist einfacher als bei C. paleatus, die Färbung ist gelblich bis rötlich. Bei schlechter Wasserqualität leidet die Haut sehr leicht.

Corydoras macropterus (Männchen): 10 cm. Der obere Teil des Kopfes ist abgerundet, das Maul etwas spitz.

Corydoras macropterus (Weibchen)

Corydoras garbei: 5 cm. Die Rückenflosse ist für einen Verwandten von C. barbatus klein und rundlich. Der Kopf ist groß und rund.

Corydoras sp.: 5 cm. In der Färbung ähnelt er mehr oder weniger C. garbei, aber die Flecken sind größer und unter Umständen bläulich. Außerdem ist die Rückenflosse größer.

Corydoras paleatus: 7 cm. Großer Kopf, spitz zulaufende Rückenflosse. Bei den Männchen kann die Rückenflosse verlängert sein, aber im Unterschied zu *C. barbatus* und *C. macropterus* sind die ersten Strahlen verlängert.

Corydoras paleatus: Von *C. paleatus* sind Männchen mit verlängerter Rückenflosse bekannt. Dies ist eine regionale Variante und hierbei kommt oft eine großflächige Zeichnung vor.

Corydoras sp. (Corydoras auroenatus): 5 cm. Etwas eckiger Kopf, verlängerte Rückenflosse. Kurzer Rumpf. Die seitliche Musterung kann je nach Exemplar heller oder dunkler ausfallen.

Corydoras sp.: 6 cm. Ähnelt *C. xinguensis,* wird aber größer und hat keinen eckigen Kopf. Bräunlich mit unscharfen, kleinen Flecken.

Corydoras nattereri: 6 cm. Im vorderen Teil der Rückenflossenbasis befindet sich ein unscharfer schwarzer Fleck. Bei manchen Exemplaren kommt es vor, daß sie rötlich gefärbt sind.

Corydoras prionotos: 8 cm. Ähnelt *C. nattereri.* Langer Rumpf, weit obenliegende Augen. Besonderes Kennzeichen sind die schwarzen Flecken im vorderen und hinteren Teil der Rückenflossenbasis und an der Basis der Fettflosse.

Corydoras sp. cf. prionotos: 7 cm. Die Körperform liegt zwischen *C. prionotos* und *C. nattereri.* Die schwarze Linie in der Körpermitte ist oft unscharf.

Corydoras acutus: 6 cm. Die Färbung variiert beträchtlich. Der schwarze Fleck in der Rückenflosse und die schwarze Linie in der Körpermitte kann sehr deutlich bis fast nicht vorhanden sein. Die Zeichnung der Flanken kann aus kleinen Punkten, an den Schuppen entlang laufenden Linien oder wolkenartigen Flecken bestehen.

Corydoras cervinus: 8 cm. Der obere Teil des Kopfes ist gerundet, die Augenpartie abgesetzt. Langer Rumpf. Am vorderen und hinteren Rückenflossenansatz befinden sich unscharfe schwarze Flecken. Der Körper ist rötlich gefärbt.

Corydoras pastazensis: 7 cm. Über den Augen und von der Rückenflosse bis in den Rückenbereich finden sich schwarze Bänder. Auf den Seiten und in der Schwanzflosse ein kleines Punktmuster. Bei den Männchen sind die Flanken leuchtend blaugrün.

Corydoras semiaquilus: 8 cm.
Ähnelt *C. treitlii,* aber höherer Körper und in der Schwanzflosse linienartig angeordnete Punkte.

Corydoras ourastigma?: 7 cm. Erscheint wie *C. cervinus* mit schwarzem Fleck im Schwanzbereich, die Schnauze ist aber kürzer. Die Größe des schwarzen Flecks am Schwanz variiert.

Corydoras sp. cf. blochi blochi: 7 cm. Ähnelt *C. acutus,* aber am vorderen Teil des Rückenflossenansatzes und über den Augen befinden sich unscharfe schwarze Bänder. Die schwarze Linie in der Körpermitte bei fast allen Exemplaren.

Corydoras blochi vittatus: 7 cm. Hoher Körper, runder Kopf mit abgesetzter Maulpartie. Schwarzes Band an den Augen. Auf der Körpermitte sowie darunter und darüber liegen oft schwarze Linien, aber hier gibt es auch Variationen.

Corydoras blochi vittatus: Es gibt Exemplare mit grauer oder stark rötlicher Färbung.

Corydoras fowleri: 6 cm. Für eine Art der *C.-acutus-*Gruppe ist der Kopf sehr kurz. Färbung und Zeichnung außerordentlich variabel. Am Kopf eine orange Linie.

Corydoras narcissus: 10 cm. Größtes Tier der *C.-acutus-*Gruppe. Bei ausgewachsenen Tieren ist der obere Teil der Schnauze abgerundet. Das am Rücken verlaufende schwarze Band reicht bis zum Maul, kann aber am Kopf unter Umständen heller sein.

Corydoras simulatus: 7 cm. Der Artname beschreibt die Ähnlichkeit mit *C. metae,* mit dem er den gleichen Lebensraum teilt. Auf den Flanken findet sich oft ein Dreiecksmuster.

Corydoras simulatus var: Exemplar mit Dreieckszeichnung. Im allgemeinen wird das schwarze Band am Rücken umso heller, je größer der seitliche Fleck ausfällt.

Corydoras sp. cf. simulatus (Männchen): 7 cm. In der Körpermitte ist eine dunkelblaue Linie. Die Männchen sind dunkler gefärbt. Vielleicht eine regionale Variante von *C. simulatus.*

Corydoras sp. cf. simulatus (Weibchen): 7 cm. Die etwas hellere Färbung der Weibchen geht ins Rosa.

Corydoras amapaensis: 7 cm. Ähnelt *C. simulatus,* aber der Körper ist niedriger. Die seitlichen Flecken vergrößern sich mit dem Heranwachsen, bei ausgewachsenen Tieren ist dann außer dem Kopf auch der ganze Körper dunkelblau.

Corydoras amapaensis (Jungtier): Die seitlichen Flecken sind noch sehr kleinflächig und verteilt.

Corydoras ellisae: 7 cm. Langer Rumpf, relativ kurzer Kopf. Besonderes Kennzeichen sind die großflächigen Fleckenpaare auf den Flanken. Zum Teil sind die Flecken auch miteinander verbunden.

Corydoras treitlii: 8 cm. Auf den Flanken findet sich eine rötliche Fleckung. Bei den Weibchen ist der Körper höher und die Fleckung liegt nur oberhalb der Körpermitte.

Corydoras stenocephalus: 7 cm. Hoher Körper, etwas eckiger Kopf. An den Bauchseiten und in der Mitte des Schwanzbereiches befindet sich eine undeutliche Fleckung. Die Körperfärbung kann entweder rotbraun oder schwarz ausfallen.

Corydoras stenocephalus: Exemplar mit schwarzer Färbung. Der dunkel gefärbte Anteil der Körperoberfläche ist groß.

Corydoras sp. (Corydoras corulea): Diese Art vereint unter dem Namen *corulea* eine große Zahl aus dem selben Flußsystem importierter Arten. Es wurde auch schon die Möglichkeit einer Kreuzung in Betracht gezogen, aber eine genaue Bestimmung ist außerordentlich schwierig.

Corydoras sp. cf. burgessi: Das mit *C. burgessi* gemeinsame, besondere Kennzeichen ist die helle, orangene Linie, die sich von der Rückenflosse bis in den Nacken zieht.

Corydoras sp. cf. burgessi

Corydoras burgessi: Das schwarze Band des Rückenbereichs liegt nur unter der Rückenflosse und setzt sich nicht bis zur Schwanzflosse fort. Zwei Drittel der Rückenflosse sind schwarz.

Corydoras adolfoi: Erst vor kurzem bei den San-Gabriel-Wasserfällen des Rio-Negro-Oberlaufs entdeckte Art. Schwarzer Rücken, schwarzes Band an den Augen. Runder Kopf.

Corydoras imitator: Ähnelt sehr *C. adolfoi*, daher der Name. Unterscheidet sich vom *C. adolfoi* durch die längere Schnauze.

Corydoras sp.: Lebt im gleichen Gebiet wie *C. adolfoi* und hat eine ähnliche Körperfärbung. Die Körperform ähnelt *C. elegans*.

Corydoras nijsseni

95

Corydoras sp.: Rio Negro

Corydoras sp.: Rio Negro und Orinoco. Möglicherweise eine Kreuzung, bei der auch *C. adolfoi* vertreten zu sein scheint.

Corydoras sp.: Kreuzung mit *C.-burgessi*-Anteil.

Corydoras sp.: Wurde im selben Gebiet entdeckt, in dem auch *C. burgessi, adolfoi* und *imitator* leben.

Corydoras sp: Zwischen *C. metae* entdecktes Exemplar.

Corydoras sp.: Zwischen *C. burgessi* entdeckt. Nichts Näheres bekannt.

Corydoras sp.: Vermutlich eine Variante von *C. axelrodi.*

Corydoras melanistius var. (?):

Brochis multiradiatus: 12 cm. Hoher Körper, stark vorstehendes Maul. Stößt zum Beutefang mit dem Maul oft heftig in den Sandboden, daher empfiehlt sich feiner, rundkörniger Sand.

Brochis multiradiatus var.: 15 cm. Großgewachsener *B. multiradiatus* mit großem Maul. Vermutlich eine Variante.

Brochis britskii: 12 cm. Hoher Körper, vorspringender Kopf. Es gibt auch Exemplare mit mehr oder weniger vorspringender Schnauze. Meist rötlich gefärbt. Kommt in Paraguay vor.

Brochis splendens: 8 cm. Kleiner Brochis mit nur zwölf Weichstrahlen in der Rückenflosse statt der sonst üblichen 17. Variable Kopflänge.

Brochis splendens: Jungtiere haben eine große Rückenflosse und sind gefleckt. Es gibt auch Exemplare, bei denen diese Musterung auch nach dem Heranwachsen im Kopfbereich mehr oder weniger erhalten bleibt.

Aspidoras menezesi: 5 cm. Niedriger Körper, der Rumpfquerschnitt ist annähernd rund. Kleine Augen.

Aspidoras pauciradiatus: 3 cm. Etwas vorstehendes Maul. Mit dem Heranwachsen wird die Spitze der Rückenflosse länger.

Doradidae

Opsodoras sp.: 10 cm. Auf dem Nacken schildkrötenpanzerartige Linien. Kommt in Peru vor. *Opsodoras* verstecken sich gerne im Sand.

Opsodoras ternetzi: 15 cm. Ausgesprochen vorstehendes Maul, die Fortsätze entlang der Körpermitte sind weiß.

Opsodoras sp.: 10 cm. Die Körperform ähnelt *O. ternetzi.* Graublau gefärbt und unregelmäßig gemustert. Rote Flecken auf den Kiemendeckeln.

Opsodoras stubeli: 10 cm. Lange, breit verzweigte Barteln. Der im allgemeinen braune Körper ist mit kleinen Flecken rostbraun gesprenkelt, es treten aber viele Varianten auf.

Opsodoras stubeli var. (?): Heller Körper. Nur wenige Flecken. Keine Zeichnung auf dem Nacken.

Platydoras costatus: 20 cm. Diese Art kann krächzende Geräusche von sich geben. Mit dem Heranwachsen werden die weißen Linien schmaler.

Amblydoras hancocki: 15 cm. Die Körperform ähnelt *A. hancocki,* aber vom Schwanzbereich sind bis zur Schwanzflosse hin kleine Knochenplatten aneinandergereiht. Der Körper ist weißlich und trägt ein unregelmäßiges Punktmuster.

Acanthodoras spinosissimus: 20 cm. Der Brustflossenstachel ist dick und verlängert und am vorderen Rand rundlich abgeflacht.

Orinocodoras eigenmanni: 20 cm. Ähnelt *Platydoras,* aber die Augen sind kleiner und ihr Abstand voneinander geringer. Der Dorn der Rückenflosse ist weiß, dahinter eine schwarze Zone. Große Fettflosse.

Amblydoras sp.: 15 cm. Auch diese Art kann Geräusche erzeugen. Großes Maul.

Acanthodoras spinosissimus (Jungtier): Die Jungtiere sind nicht rötlich gefärbt. In der Mitte des Kopfes ein weißer Punkt.

Doradidae

Agamyxis pectinifrons: 10 cm. Ähnelt Jungtieren von *Acanthodoras spinosissimus*, aber der Brustflossenstachel ist nicht verlängert, der Rumpf ist dick und kurz. Manche Exemplare haben über den seitlichen Dornen keine weiße Linie.

Astrodoras asterifrons: 10 cm. Großer Kopf, breiter Körper. Der Rumpf ist schmal. An der Seite sind von den Kiemendeckeln ab sieben bis acht Dornenreihen. Rücken- und Brustflossenstachel sind groß.

Anadoras grypus: 20 cm. Die Körperform entspricht dem längerem Rumpf von *Amblydoras*, der Kopf ist gerundet. Die wolkenartige Zeichnung auf den Flanken ist weiß gerändert.

Anadoras regani: 20 cm. Ähnelt dem *A. grypus*, aber die seitlichen Dornen sind groß, der Kopf etwas spitzer. Der hintere Rand der Nakkenplatte ist spitzer als bei *A. grypus*. Die Zeichnung des Körpers ist unscharf.

Liosomadoras oncinus: 20 cm. Großer Kopf, hoher Körper. Großes Maul mit vorspringendem Unterkiefer. Normalerweise Räuber, aber im Aquarium Allesfresser.

Liosomadoras oncinus (Jungtier): Bei Jungtieren ist der Körper heller und die großflächige Zeichnung in zwei Reihen angeordnet. Einer der agilsten Dornwelse, besonders als Jungtier.

Doradidae sp.: Über 40 cm. Die Flanken sind mit vielen, schmalen Platten bedeckt. Spitz zulaufender Kopf, kleines Maul. Große Brustflossen.

Doradidae sp.: Über 50 cm. Flacher Körper mit kleinen Dornen entlang der Flankenmitte. Der Rumpf ist schmal und lang. Der Brustflossenstachel ist flach, auf der Oberseite glatt und ohne Fortsätze.

Pterodoras granulosus: 1 m. Entlang der Seitenlinie zahlreiche gekrümmte Dornen. Frißt von kleinen Fischen bis zu zusammengestelltem Futter alles. Peru.

Pterodoras granulosus: Rein schwarzes Exemplar. Im Vergleich zu den marmorierten Exemplaren ist das Wachstum etwas langsamer. Amazonas.

Pterodoras granulosus (Albino)

Megalodoras irwini (Jungtier): Jungtiere sind hell gefärbt und tragen unregelmäßige, schwarze Längsstreifen. Die Dornen sind ausgesprochen groß.

Megalodoras irwini: 70 cm. Praktisch die ganzen Flanken sind mit großen Knochenplatten bedeckt. Frißt kleine Fische, ist aber vergleichsweise friedfertig. Empfindlich gegenüber Kratzwunden, daher ist Vorsicht geboten.

Doradidae

Lithodoras dorsalis: 1 m.
Mit dem Heranwachsen bedeckt sich der ganze Körper mit Knochenplatten, die im gleichen Maße kantiger werden. Das kleine Maul ist nach unten gezogen.

Lithodoras dorsalis (Jungtier): Exemplar bei dem die Knochenplatten noch nicht ausgebildet sind.

Pseudodoras niger: 1,2 m. Größter Dornwels. Ausgesprochen langer Kopf. Die Dornen sind groß, ihre Zahl nimmt mit dem Heranwachsen zu. Wächst schnell.

Rhinodoras dorbignyi: 30 cm. Spitzer Kopf mit vorgeschobenem Maul. Kleine Augen, enger Augenabstand. Jungtiere sind braun gefärbt und tragen eine deutliche, horizontale Streifenzeichnung.

Liosomadoras sp.: Schlanker als die bisher bekannten *Liosomadoras*. Wie bei allen *Liosomadoras* viele kleine Dornen auf den Schulterfortsätzen.

Trachydoras paraguayensis: 15 cm. Hoher Körper, kurzer Rumpf. Große Flossen. Hält sich in Bodennähe auf. Am unteren Teil der Flanke sind schuppenartige Knochenplatten aneinandergereiht. Paraguay.

Anduzedoras microstoma: 10 cm. Nackenplatte und Schultergürtel ringförmig verbunden. Kurzer Kopf, nach unten gezogenes, röhrenartiges Maul. Auf den Kiemendeckeln liegt ein rötlicher, dreieckiger Fleck.

Leptodoras linnelli: 20 cm. Die Barteln sind mit einer Membran verbunden und werden dadurch zu röhrenartigen Mundwerkzeugen, mit denen er die Nahrung aus dem Sand aufnehmen kann.

Opsodoras leporhinus: 10 cm. Ähnelt *Hassar,* aber die Dornen entlang der Seitenlinie sind größer und die langen Barteln fein verzweigt.

Hassar notospilus: 10 cm. Besonderes Kennzeichen ist der schwarze Fleck in der Rückenflosse, der bei den Männchen größer ist als bei den Weibchen. Der Bauchbereich ist weiß.

Hassar sp.: 10 cm. Bei diesem Exemplar ist der Kopf kurz, die Augen sind oval, der Körper niedrig. Die Dornen in der Körpermitte sind sehr klein.

Hassar iheringi: 25 cm. Für die Gattung *Hassar* sehr groß werdend. Abgesehen von den Brustflossen sind die Spitzen aller Flossen weiß. Der Körper ist mehr oder weniger gelblich gefärbt.

Auchenipterus thoracatus: 8 cm. Rundliche Körperform mit weißen, kleinen Flecken.
Das Maul ist endständig. Er jagt fast keine Fische, sondern ernährt sich vor allem von
Würmern und ähnlichen Beutetieren. Sehr anpassungsfähig an die Wasserqualität.

Auchenipterus longimanus: 8 cm. Fast die gleiche Körperform wie
A. thoracatus, bei den Männchen sind alle Flossen hell gefärbt.
Die Spitze der Rückenflosse ist schwarz, auf den Seiten finden sich
schwarze Flecken.

Auchenipterus nuchalis: 15 cm. Niedriger Körper mit unscharfen
Linien auf den Seiten. Mit dem Heranwachsen wird der Körper
dunkler. Große, hervortretende Augen. Friedfertig.

Parauchenipterus fisheri (Männchen): 12 cm. Die Rückenflosse und
die Oberkieferbarteln der ausgewachsenen Tiere sind dick und
gekrümmt. Sie klemmen die Weibchen bei der Paarung ein.
Die Jungtiere haben einen ausgeprägten Bewegungsdrang.

Parauchenipterus fisheri (Weibchen): Der Körper der Weibchen ist
rundlicher und heller gefärbt als der der Männchen.

Parauchenipterus fisheri (gelbe Variante): Kein richtiger Albino. Der ganze Körper gelb gefärbt. Bei den schwarzäugigen Exemplaren kann es vorkommen, daß sie während des Heranwachsens wieder ihre eigentliche Färbung annehmen.

Parauchenipterus galeatus: 20 cm. Ähnelt *P. fisheri*, hat aber einen dickeren Rumpf. Die Rückenflosse der Männchen ist nicht verlängert.

Parauchenipterus sp.: Verglichen mit *P. fisheri* ist der Kopf klein und der Körper hell.

Parauchenipterus sp.: 30 cm. Hoher Körper, dicker Schwanz. Wird sehr groß. Paraguay.

Parauchenipterus sp.: Im Unterschied zu den anderen *Parauchenipterus*-Arten ist die Schwanzflosse karpfenartig und flach eingekerbt. Die Bauchflossen sind lang.

Parauchenipterus sp. (?): 15 cm. Wird zwar als *Parauchenipterus* bezeichnet, die genaue Stellung dieser Art ist jedoch unklar. Flacher Kopf mit weit auseinanderliegenden Augen. Bewegungsfreudig. Findet sich ab und zu in Importen aus Peru.

Auchenipteridae

Tatia aulopygia: 12 cm. Die Jungtiere tragen auf den Seiten ein Muster aus schmalen, langen runden Flecken. Der Körper ist rötlich gefärbt. Mit dem Heranwachsen wird er schwärzlich und die Zeichnung wird unscharf.

Tatia intermedia: 10 cm. Auf dem bernsteinfarbenen Körper sitzen ovale, cremefarbene Flecken. Lebt im Unterlauf des Amazonas. Wird nur selten importiert.

Tatia neivai: 7-8 cm. Auf den Seiten finden sich kleine, schmale weiße Flecken, die wie Schneeflocken aussehen. Eine kleine Art, die im Mündungsgebiet des Amazonas oft zu finden ist.

Tatia reticulata: 5 cm. Vom Amazonasunterlauf bis nach Guayana verbreitet. Kleine Art mit einem sehr schönen Leopardenmuster. Kurze, runde Schnauze, kleine Rückenflosse.

Tatia brunnea: 15 cm. Variable Marmorzeichnung, die mit dem Heranwachsen immer unschärfer wird.

Tatia sp.: 30 cm. Der Körper ist mattschwarz, am Bauch hellblau gefärbt. Mit dem Heranwachsen wird der Körper rundlicher.

Centromochlus heckeli: 10 cm. Oberkieferbarteln S-förmig gekrümmt. Kennzeichen ist der grünlich leuchtende Körper. Hält sich an trüben Stellen auf. Der erste Strahl der Rückenflosse ist spitz.

Pseudauchenipterus sp.: 12 cm.
Für einen *Tatia* ist der Körper zu hoch.
Lebt im Unterlauf des Amazonas.
Entlang der Seitenlinie verläuft eine
gezackte Linie.

Trachelyopterichthys taeniatus: 20 cm. Lange Afterflosse, die
Rückenflosse fehlt. Auf den Seiten verlaufen drei helle Streifen.

Entomocorus benjamini: 7 cm. Der Schwanzflossenansatz und der
obere Teil der Schwanzflosse sind mit einem zusammenhängenden
schwarzen Fleck gezeichnet. Bewegungsfreudig.

Entomocorus sp. ?: Endgröße unbekannt.
Ähnelt *E. benjamini,* die Flossen sind jedoch
länger.

Trachelyichthys exilis (Jungtier): 6 cm.
Kurzer Körper mit rundlichen Formen.
Die Fettflosse fehlt. Die seitliche Zeichnung
verändert sich mit dem Heranwachsen.

Trachelyichthys exilis: Mit dem Heranwachsen verlaufen die
seitlichen Flecken streifenartig und werden dunkel.

Auchenipterus demerarae: 15 cm. Die Körperform ähnelt
Ageneiosus brevifilis, aber es handelt sich hier um eine andere
Gattung. Fünf breite dunkle Streifen auf den Seiten.

Ageneiosidae

Ageneiosus brevifilis: 50 cm. Diese Gattung hat nur sehr kurze Barteln, die, da sie unter dem Kinn sitzen, nicht zu sehen sind. Schwimmfreudiger Raubfisch. Schwimmt auch im Aquarium viel, wenn die Strömung stark genug ist.

Ageneiosus sp.: 60 cm. Peru. Bemerkenswert großer Kopf, an den Seiten eine großflächige unregelmäßige Leopardenzeichnung.

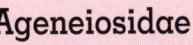

Hypophthalmus sp.: 15 cm. Eine kleine Art, nicht sehr agil. Friedfertig. Die Körperfärbung ändert sich mit dem Heranwachsen.

Ageneiosus sp.: 60 cm. Diese schöne Art kommt in Guayana und Venezuela vor. Ähnelt *A. brevifilis,* aber die Fettflosse ist kleiner und die Schwanzflosse trägt oben und unten einen schwarzen Fleck.

Platystacus cotylephorus: 40 cm. Die Körperfärbung variiert stark, es gibt braune aber auch fast schwarze Exemplare. Dies wird mit dem Geschlechtsunterschied, aber auch mit möglichen unterschiedlichen Artzugehörigkeiten erklärt. Lebt im Mündungsgebiet des Amazonas.

Platystacus cotylephorus: Braun gefärbtes Exemplar mit wurmartiger Musterung. Es gibt auch Exemplare, bei denen sich die Zeichnung bis zum Kopf hin erstreckt.

Aspredo aspredo: 50 cm. Ähnelt *Platystacus cotylephorus,* das Maul ist aber größer und die Schnauze breiter. Die größten Exemplare können 80 cm lang werden.

Dysichthys coracoideus: 10 cm. Hält sich oft unter auf den Grund abgesunkenen Blättern auf. Wenn er die Brustflossenstacheln aneinander reibt, entsteht ein heller Ton.

Dysichthys coracoideus (Albino)

Dysichthys knerii: 15 cm. Verglichen mit *D. coracoideus* ist der Körper breiter und der Rücken flacher. Diese Art wird auch größer. Der Körper ist hellbraun.

Dysichthys sp.: 6 cm. Der ganze Körper ist mit kleinen silberfarbenen Punkten bedeckt. Die kleinste *Dysichthys*-Art. Friedfertig.

Bunocephalichthys verrucosus verrucosus: 8 cm. Hoher Körper mit ungewöhnlichen Höckern auf dem Rücken. Wenn er gereizt wird, rollt er den Schwanz spiralartig zusammen. Selten.

Bunocephalichthys verrucosus verrucosus: Von dieser Art gibt es Vertreter in Peru und am Mittel- und Unterlauf des Amazonas, die sich in der Körperfarbe und den Rückenhöckern unterscheiden.

Bunocephalus hypsiurus: 15 cm. Rundlicher Rücken, sehr breiter Körper und Schwanz. Aus dem Amazonas und aus Paraguay sind zwei unterschiedliche Varianten bekannt.

Trichomycteridae

Trichomycterus alternus: 5 cm. Diese Gattung bevorzugt strömendes Wasser mit möglichst hohem Sauerstoffgehalt.

Trichomycterus sp.: 10 cm. Lebt in Seitenarmen des Rio Xingu. Trägt vier Bartelpaare. Es gibt nur wenige Arten, die Menschen oder Fischen Schaden zufügen. Violett gefärbt.

Eremophilus candidus: 10 cm. Flacher Kopf. Jagt im Sand versteckte Beute. Kleine, friedfertige Art.

Eremophilus mutisii: 20 cm. Die dicke Unterkieferlippe dient als Sinnesorgan. Empfindliche Haut. Lebt in fließenden Gewässern. Sehr empfindlich gegenüber schlechter Wasserqualität.

Bullockia maldonadoi: 10 cm. Der hintere Teil der Kiemendeckel ist mit spitzen Dornen besetzt. Die Augen sind nach oben gerückt, die Pupillen länglich.

Pseudostegophilus nemurus: 15 cm. Trägt zwei Bartelpaare. Aggressiv gegenüber anderen Fischen. Kommt vor allem in Paraguay vor.

Plectrochilus erythrurus: Ähnelt *Vandellia*, hat aber als besonderes Merkmal Spuren einer Zahnreihe am Unterkiefer. In der Mitte der Schwanzflosse ein schwarzer Fleck. Der Körper ist halbtransparent. Schwimmfreudig.

Vandellia sp.: Außer den Brustflossen liegen alle Flossen im hinteren Bereich des Körpers. Können sich bei anderen Fischen in den Kiemen festbeißen und dort schmarotzen.

Pareiodon microps: Die karpfenartige Schwanzflosse ist in der Mitte eingekerbt. Beißt sich an anderen Fischen fest und saugt deren Blut.

Pareiodon sp.: Flacher Kopf, leicht violetter Rücken.

Tridensimilis brevis: 3 cm. Kleines Maul, ernährt sich von Kleinstlebewesen. Lebt im Amazonasunterlauf. Friedfertig.

Cetopsis sp.: 30 cm. Trägt spitze Zähne. Jagt kleine Fische, greift aber auch größere Tiere im Schwarm an. Die Augen sind von einer dünnen Membrane bedeckt, die Sehkraft ist sehr schwach.

Pylodictis olivaris: 80 cm. Flacher Kopf, der ganze Körper ist mit einem braunen Fleckenmuster bedeckt. Lebt in den fünf großen Seen an der Grenze USA/Kanada.

Ictalurus melas: 30 cm. Das Maul ist größer als bei I. punctatus. Räuberisch. Die Haltung gelingt am besten bei einer Wassertemperatur von 20 Grad.

Ictalurus punctatus: 1 m. Gefräßig, ernährt sich unter anderem von kleinen Fischen. Vergleichsweise agil. Der Körper wird mit dem Heranwachsen schwärzlich, die Flecken unschärfer.

Ictalurus punctatus: Aufgetauchte Albinos wurden als Ictalurus bezeichnet. Sie werden auch als Zierfische verkauft.

Noturus flavus: 10 cm. Seltene, kaum importierte Art. Ein einfarbig gelbbrauner Wels mit kaulquappenartigem Körper.

Arius jordani: 1 m. Kann im salzhaltigen Wasser der Mündungsgebiete und in Süßwasser leben. Von Nordamerika bis zu den Küsten Mittel- und Südamerikas verbreitet.

Arius seemani: 30 cm. Leuchtend silbern gefärbter Körper. Alle Flossen sind weiß gerändert. Unruhiger Schwimmer. Lebt in Gewässern mit unterschiedlichem Salzgehalt. An den Küsten Nord- und Südamerikas verbreitet.

Einführung

Die Welse stellen über zweitausend der insgesamt etwa zwanzigtausend bekannten Fischarten, die heute auf der Welt existieren. Es handelt sich also um eine recht große Gruppe innerhalb der gesamten „Fischfamilie". Es ist aber sehr schwierig, einen Gesamtüberblick zu bekommen, und das nicht nur wegen ihrer Artenvielfalt, sondern auch wegen ihrer weltweiten Verbreitung, natürlich besonders in den tropischen Gebieten der Erde.

Unter den Biologen gibt es zahlreiche Wels-Liebhaber, zum einen wegen der zahlreichen Besonderheiten, zum anderen bieten sie eine Vielzahl von Informationen und werden dadurch zu bevorzugten Studienobjekten.

In diesem Kapitel soll gezeigt werden, wie weit man dieses Gebiet fassen muß und was einen Wels – morphologisch und ökologisch gesehen – überhaupt ausmacht. Noch gibt es keine restlos überzeugenden Theorien über die Verwandtschaftsbeziehungen der Welse, doch sollen im folgenden die bisher aufgestellten Hypothesen erläutert werden.

Was ist ein Wels?

Oberflächlich betrachtet, verstehen die meisten Menschen unter einem Wels einen Fisch mit schleimigem, schuppenlosem Körper, großem Kopf und fühlerartigen Barteln, einen Fisch eben, der etwa so wie der einheimische Europäische Wels *(Silurus glanis)* aussieht. Menschen, denen nur diese eine Art bekannt ist, können sich überhaupt nicht vorstellen, daß es eine ungeheure Vielzahl von Welsen gibt und daß sie – mit Ausnahme der Pole – auf allen Kontinenten leben, und zwar in horizontaler und vertikaler Aus-

breitung, das heißt von den Niederungen bis zu den Bergregionen. Einige tragen panzerähnliche Platten auf dem Körper, einige leben in Stromschnellen und benutzen ihr Saugmaul, um sich festzuhalten, andere wieder bevorzugen den Grund sumpfiger Gewässer als Lebensraum. Wieder andere sind beinahe durchsichtig oder können Elektrizität erzeugen, einige leben sogar als Parasiten in oder auf anderen. Obwohl die meisten nicht gerade bunt sind, ist es doch außerordentlich lohnend, ihr interessantes Verhalten zu beobachten.

Für den Wissenschaftler ist eine vollständige Systematik der Welse ein überaus schwieriges Unterfangen; das hat seine Gründe sowohl in ihrer großen Artenzahl als auch in ihrer weltweiten Verbreitung, so daß es wirklich nicht einfach ist, einen Überblick zu bekommen. Außerdem ist die Mehrzahl der Arten in tropischen Gebieten zu Hause, die dem Menschen nicht eben leicht zugänglich sind. Trotzdem bringen etliche Wißbegierige genügend Enthusiasmus auf, um am Amazonas und in anderen entlegenen Weltgegenden nach Welsen zu suchen.

Aber was charakterisiert nun eigentlich den Wels schlechthin? Den gültigen taxonomischen Kriterien zufolge haben Welse bartähnliche Barteln und sind entweder nackt, also ohne Schuppen, oder ihr Körper ist mit knöchernen Platten bedeckt. Auch fehlt ihnen der untere Kiemenrechen. Aber keine Regel ohne Ausnahme, und so existiert zur Zeit keine gültige Definition, sondern nur eine ziemlich vage, unsichere Beschreibung.

Schon früher haben Wissenschaftler den Versuch unternommen, eine Systematik der Welse zu erstellen: Berg zum Beispiel teilt die Welse in 23 Familien ein, Chardon hingegen

Die 31 Welsfamilien

Abbildung 1

Familie	Verbreitung	Gattungen	Arten
DIPLOMYSTIDAE	Südamerika	1	2
ICTALURIDAE	Nordamerika	6	16
BAGRIDAE	Afrika · Asien	27	205
CRANOGLANDIDAE	Asien	1	3
SILURIDAE	Asien · Europa	15	70
SCHILBEIDAE	Afrika · Asien	20	60
PANGASIIDAE	Asien	8	25
AMBLYCIPITIDAE	Asien	2	5
AMPHILIIDAE	Afrika	7	47
AKYSIDAE	Asien	3	8
SISORIDAE	Asien	20	65
CLARIIDAE	Afrika · Asien	13	100
HETEROPNEUSTIDAE	Asien	1	2
CHACIDAE	Asien	1	2
OLYRIDAE	Asien	1	4

Familie	Verbreitung	Gattungen	Arten

Abbildung 1

MALAPTERURIDAE	Afrika	1	2
MOCHOKIDAE	Afrika	10	150
ARIIDAE	Amerika · Asien · Australien	20	120
DORADIDAE	Südamerika	37	80
AUCHENIPTERIDAE	Mittel- und Südamerika	19	60
ASPREDINIDAE	Südamerika	8	25
PLOTOSIDAE	Afrika · Asien · Australien	8	30
PIMELODIDAE	Mittel- und Südamerika	56	290
AGENEIOSIDAE	Südamerika	2	25
HYPOPHTHALMIDAE	Südamerika	1	1
HELOGENIDAE	Südamerika	2	4
CETOPSIDAE	Südamerika	4	12
TRICHOMYCTERIDAE	Südamerika	27	175
CALLICHTHYIDAE	Südamerika	8	110
LORICARIIDAE	Südamerika	70	450
ASTROBLEPIDAE	Südamerika	1	75

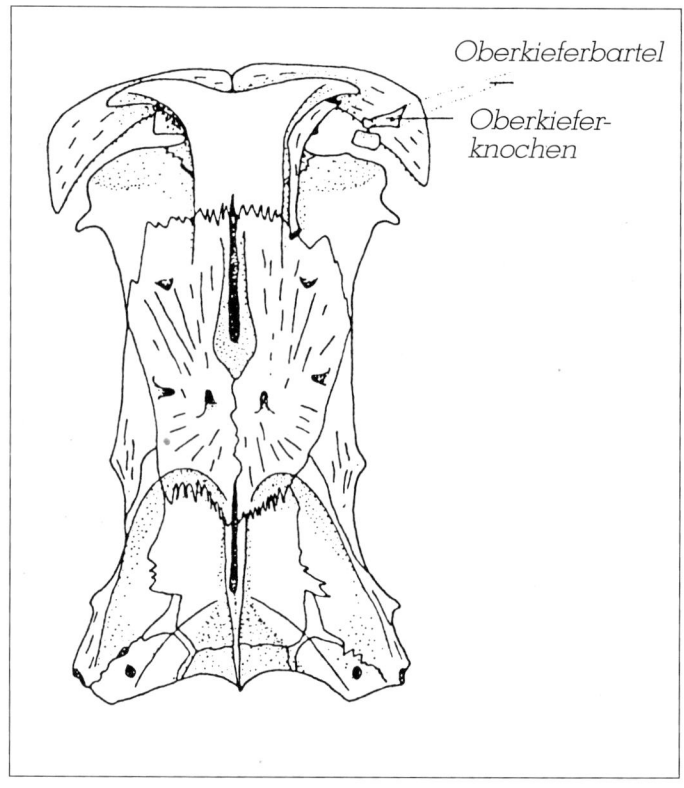

Abbildung 2:
Cranium v. Silurus glanis

Oberkieferbartel

Oberkiefer-
knochen

in 32, während andere, wie Greenwood und andere, 31 Familien anerkennen. Zur Zeit wird Greenwoods taxonomisches System der Knochenfische zugrunde gelegt, künftige Forschungsergebnisse können aber durchaus wieder Änderungen mit sich bringen (Abbildung 1: Die 31 Welsfamilien).

Die meisten Arten leben im Süßwasser, ausgenommen einige Plotosidae und Ariidae. Einige Mitglieder dieser beiden Familien sind jedoch ins Süßwasser zurückgewandert und leben dort als ausschließlich Süßwasser bewohnende Fische.

Welse werden im allgemeinen nach folgenden Kriterien bestimmt:
- Vorhandensein oder Fehlen einer Fettflosse (Adipose),
- Gestalt der Brust- und Schwanzflossen (Pectorale und Caudale),
- Anzahl und Stärke der Strahlen in Brust- und Rückenflosse (Dorsale),
- Aufbau des Weberschen Apparates,
- Gestalt und Position der Schwimmblase,
- Form der Muskeln und Knochen,
- Anzahl und Stellung der einzelnen Flossen,
- Proportionen der Körperteile untereinander.

Der Oberkieferknochen (Praemaxillare)

Wir wollen mit dem Oberkieferknochen als einem der wichtigsten Merkmale beginnen. Bei den Knochenfischen trägt der praemaxillare Knochen die Zähne und bildet die Vorderkante des Oberkiefers. An der Basis der Barteln finden sich kleine Knochen, die diese stützen. Auch der Muskel, der den

Oberkieferknochen bewegt, ist mit diesen verbunden. Bei den Welsen ist die Gestalt dieses Muskels verändert und für die Bewegung der Barteln verantwortlich. Hier formt der praemaxillare Knochen durch seine Ausdehnung entlang des gesamten Maules den Oberkiefer und bietet damit eine große Fläche für die Zähne. Der praemaxillare Knochen formt auch bei anderen Fischen den Oberkiefer, allerdings mit einer Ausnahme: Die Diplomystidae, die ausschließlich in Chile und Argentinien vorkommen, haben Zähne auf dem maxillaren Knochen, der auch als Oberkieferknochen funktioniert.

Die Barteln

Berühmt sind die Barteln der Welse; manchmal werden sie sogar als „Schnurrbart" bezeichnet. Normalerweise tragen Welse acht Barteln, und zwar jeweils zwei Paare an Ober- und Unterkiefer. Es gibt aber zahlreiche Ausnahmen hinsichtlich der Anzahl und Stellung der Barteln. Einige Arten besitzen am Oberkiefer ein Paar, während der Unterkiefer zwei Paare aufweist, oder beide, Ober- und Unterkiefer, haben jeweils nur ein Paar, andere wiederum sind ganz ohne Barteln. Die japanischen Welse tragen während ihrer Jugend jeweils zwei Paare an den Kiefern, verlieren aber beim Heranwachsen ein Paar. Die Welsbarteln weisen zahlreiche sensorische Poren auf und stellen damit eine Art Geschmacksorgan dar. Jedenfalls sind sie für die Tiere unverzichtbar und man kann sie durchaus als „verlängerte Zunge" bezeichnen.

Die Fettflosse (Adipose)

Die Flossen werden normalerweise von Strahlen gestützt wie ein Schirm von seinen Speichen. Die Fettflosse hingegen hat keine derartigen stützenden Strahlen, sondern ist von fleischiger Beschaffenheit und sitzt wie eine zweite Rückenflosse hinter der eigentlichen Dorsale. Wir finden die Fettflosse bei Lachs und Forelle und auch bei vielen Salmlern. Sie ist ein ganz brauchbares Merkmal bei der Klassifizierung. 22 der oben erwähnten 31 Familien der Welse besitzen sie. Die Elektrischen Welse (Electrophoridae) haben keine Rückenflosse, sondern nur eine Fettflosse. Einige Arten besitzen nur einen kaum sichtbaren Saum als Fettflosse, während sie bei anderen sogar Flossenstrahlen aufweist. Die Adipose der *Corydoras* zeigt einen solchen vorderen Strahl.

Gerade geschlüpfte Jungfische besitzen einen Flossensaum, der, hinter dem Kopf beginnend, sich über den Schwanz herumzieht und bis zum Bauch reicht. Dieser Flossensaum bildet sich dann teilweise zurück und läßt die Umrisse der späteren eigentlichen Flossen zurück. Im Bereich der Adipose aber bleibt der Saum bestehen und nimmt

sogar an Größe zu. Fische mit Fettflosse werden im allgemeinen als primitiv eingestuft. Das rührt wahrscheinlich daher, daß Fettflossen zuerst bei solchen ursprünglichen, primitiven Gruppen wie den Forellen und den Lachsen entdeckt worden sind. Zur Zeit läßt sich noch nicht eindeutig festlegen, ob Welse mit Fettflosse primitivere Fische als solche ohne sind.

Die Rückenflosse (Dorsale)

Die Gestalt der Rückenflosse ist oft von Art zu Art verschieden. Einige zeigen gewohnte Formen, mit und ohne Stachel, während sie bei anderen, wie zum Beispiel den Electrophoridae, vollständig zurückgebildet ist. In der Mehrzahl der Fälle weist die Dorsale nur wenige Strahlen auf, aber wie so oft gibt es auch hier Ausnahmen. So bildet etwa die Rückenflosse der Clariidae eine Einheit mit der Schwanzflosse und besitzt annähernd hundert Strahlen. Die vordere Dorsale der Plotosidae ist mit einem scharfen Stachel ausgestattet, der äußerst schmerzhafte Wunden verursachen kann. Die zweite Rückenflosse mit etwa hundert Strahlen beginnt dahinter und ist vollständig mit der Schwanzflosse verwachsen. Aus der Familie der Siluridae sind hingegen einige Arten mit reduzierter oder völlig fehlender Dorsale bekannt.

Die Schwanzflosse (Caudale)

Die meisten Welsarten haben entweder gerundete oder eingeschnittene Schwanzflossen. Am Oberteil der zweilappigen Caudale von *Hypostomus* kann man lange Flos-

senfäden (Filamente) erkennen. Oder die
Schwanzflosse ist übergangslos mit der Afterflosse verbunden, wie bei den Clariidae
und Plotosidae.

Die Strahlen laufen in der Schwanzflosse
fächerförmig nach hinten auseinander. An
der Basis sitzt eine dreieckig geformte Kno-
chengruppe, die hypurale Platte, die diese
Strahlen stützt. Die hypuralen Knochen sind
Umbildungen der Dornfortsätze der Wirbel.
Die Grundstruktur dieser Knochenplatte, zuerst von Lundberg und Baskin gründlich erforscht, besteht aus ein bis sechs Elementen
(Abbildung 3). Einzelne dieser Teile, manchmal sogar alle, können miteinander verwachsen sein. Bei Jungfischen sind sie jedoch immer getrennt.

Die Form der Schwanzflossen variiert,
zum Beispiel gerundet, eingeschnitten und
so weiter. Ebenso unterschiedlich sind die
Möglichkeiten der Verwachsungen der Knochen der hypuralen Platte: keinerlei Verbindung untereinander, nur der obere oder nur
der untere Teil ist zusammengewachsen,
nur stellenweise Verbindungen untereinander und so weiter.

Von Fischen mit zusammengewachsenen
Hypuralplatten wird im allgemeinen angenommen, daß sie gute Schwimmer seien,
aber auch *Chaca chaca* (Chacidae) oder die
Plotosidae besitzen miteinander verbundene hypurale Knochen (Abbildung 4). Nicht
immer ist es also angebracht, die Funktion
eines Körperteils direkt von seiner vorliegenden Gestalt abzuleiten. So können wir uns
eben nicht erklären, welchen Nutzen eine
zusammengewachsene Hypuralplatte für
Chaca chaca hat, ist er doch ein langsamer
Bodenbewohner. Andererseits besitzen die
Seewasserwelse aus der Familie der Arii-

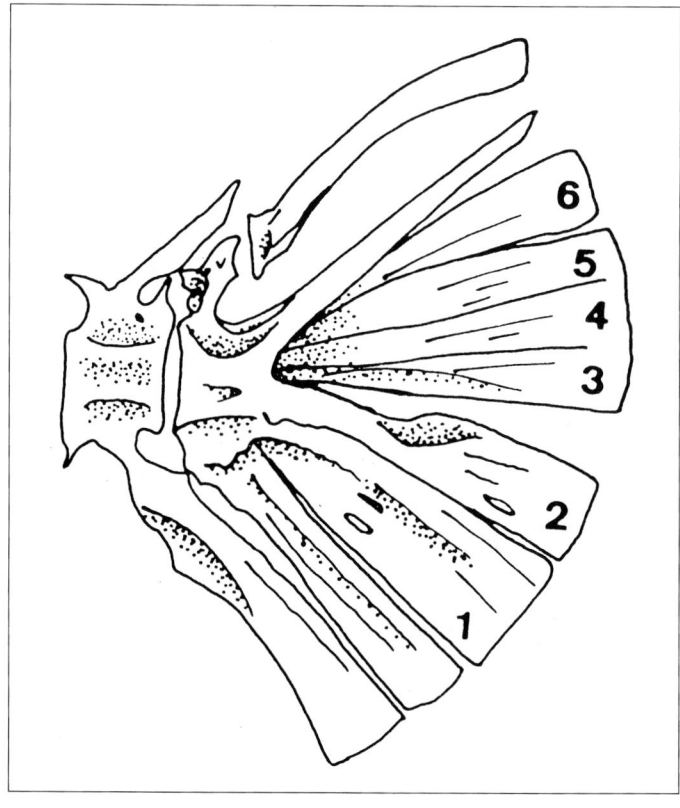

dae keine vollständig verbundenen Hypura-
lia, obwohl sie doch gute Schwimmer sind.

Rücken- und
Brustflossenstacheln als Waffen

Verschiedene Welsarten besitzen starke
knöcherne Stacheln, die sich aus dem ersten
Strahl der Rücken- oder Brustflossen entwik-
kelt haben. Sind alle Stacheln zugleich aufgestellt, sind sogar kleine Welse für Raubfi-
sche kaum noch zu schlucken. Obendrein
sind die Spitzen noch sehr scharf. Für kleine
Fische, die nicht sehr schnell sind und deswegen oft als leichte Beute betrachtet wer-

den, ist das ein sehr effektives Verteidigungssystem.

Zudem besitzen sie einen Sperrmechanismus in der „Schulter", der verhindert, daß die abgespreizten Stacheln von außen bewegt werden können; nur der Wels selbst ist in der Lage, sie wieder zu „entriegeln".

Einige Arten sind dazu befähigt, Geräusche zu erzeugen. Meistens werden dazu die Brustflossen benutzt. Jungfische des Mekong-Welses (Pangasiidae) geben auf diese Weise Töne von sich. Ist der ausgewachsene Fisch mit seiner Körperlänge von bis zu drei Metern auch noch dazu in der Lage? Wenn ja, welche Lautstärken werden dann von solch großen Tieren erreicht? Der japanische „Gigi" aus der Familie der Bagridae läßt bei Bedrohung durch den Menschen ein „Gi, Gi" als Warnlaut hören, doch ist der Zweck dieser Töne nicht bekannt, und wir wissen auch nicht, ob dieser Ruf im Wasser zur Kommunikation der Tiere untereinander eingesetzt wird.

Oft ist die Vorderkante der Brustflossen mit Sägezähnen oder Fortsätzen versehen, in einigen Fällen ist die Hinterkante gezähnt. Die Geschlechter der japanischen Bagridae können zum Beispiel anhand dieser Hinterkante unterschieden werden: Männchen tragen außerordentlich stark entwickelte Sägezähne, bei den Weibchen sind diese nur ganz schwach ausgebildet. Jungtiere zeigen diese Unterschiede noch nicht, weshalb vermutet wird, daß diese Sägekante eine bestimmte Funktion bei den Paarungs- oder Brutvorgängen übernimmt; gesichert ist das aber nicht. Bei den Doradidae und Callichthyidae ist ein Teil des Dornes mit dünnen, nadelähnlichen Fortsätzen bestückt, die möglicherweise einen noch wirksameren Schutz darstellen, da eine solche Vielzahl von Stacheln sich doch recht appetitmindernd auf Räuber auswirken dürfte.

Plotosidae und Amblycipitidae haben scharfe dorsale und pectorale Flossenstacheln, mit denen sie sehr schmerzhaft stechen können. Unter den Flossen sitzen Giftdrüsen, die ihre Austrittsöffnungen an der Körperoberfläche haben. Das Gift, das in die von den Stacheln verursachten Verletzungen eindringt, bewirkt mit starken Schmerzen verbundene Rötungen und Schwellungen. Plotosidae verfügen zusätzlich noch über einen Widerhaken an der Spitze des Rückenflossenstachels, der in der Wunde abbrechen kann, was noch größere Schmerzen nach sich zieht. Zusammen sind Gift und Stachel äußerst wirksame Schutzwaffen.

Andere Arten besitzen einen ganz ähnlichen Typ von Stachel und Giftkanal an der Basis der Brustflossen, womit sie ebenfalls recht schmerzhafte Verletzungen zufügen können. Bei einigen liegt die Giftdrüse oben im Stachel, das Sekret fließt in die Wunde ein, wenn ein Angreifer gestochen wird und der Stachel abbricht.

Der Webersche Apparat

Dieses Organ, benannt nach seinem Entdecker, besteht aus vier kleinen Knochen (Tripus, Intercalarium, Claustrum und Scaphium), die mit dem inneren Ohr in Verbindung stehen (Abbildung 5). Wahrscheinlich schließt die Information, die durch dieses Organ vermittelt wird, nicht die Richtung der Informationsquelle ein, weil die beiden Kanäle – rechter und linker – in einer Kammer zusammenlaufen, bevor sie das innere Ohr erreichen. Außer den Welsen besitzen auch

Abbildung 5:
Links der Aufbau des Weberschen Apparates.
Rechts (in Draufsicht) Schädelknochen,
Schwimmblase und Webersche Apparat im
Zusammenhang. (Siluridae)

die anderen Ostariophysi (Characoidei, Cyprinoidei und Gymnotoidei) den Weberschen Apparat. Vermutlich sind die Welse aufgrund dieses Organs empfindlicher gegenüber Geräuschen als Fische, die es nicht besitzen. Gerät die vordere Schwimmblase in Schwingungen, werden dadurch diese vier Knöchelchen ebenfalls zum Schwingen angeregt und teilen diese dadurch dem inneren Lymphbogen (Sinus impar) mit; dadurch kann dann die Schallquelle geortet werden. Diese merkwürdig geformten kleinen Knochen sehen den menschlichen Gehörknochen recht ähnlich, obwohl sie einen ganz anderen Ursprung haben. Man geht davon aus, daß sie Umbildungen der ersten vier Wirbel (Vertebrae) sind (Abbildung 5 1 bis 4). Im Vergleich zu anderen mit Schwimmblase ausgestatteten Fischen ist der Webersche Apparat der Welse durch den Tripus mit seinen zusätzlichen Ausformungen am hinteren Ende charakterisiert (Abbildung 6). Allerdings besitzen Welse mit primitivem Weberschen Apparat, Callichthyidae zum Beispiel, diese zusätzlichen Knochenteile nicht.

Die Schwimmblase

Die Schwimmblase ist eines der bemerkenswertesten Organe der Welse. Sie wird nicht nur zur Regulierung des Auftriebes genutzt, sondern ist oft zugleich ein zusätzliches Atmungsorgan, dient als Verstärkungssystem beim Hören (Resonator) oder kann selbst zur Geräuscherzeugung eingesetzt werden.

Man trifft bei den Welsen auf die unterschiedlichsten Schwimmblasenformen. Normalerweise besteht sie aus einer Kammer, doch haben einige, wie zum Beispiel der

Abbildung 4:
Korallenwels (Plotosaidae). Hypurale Platte. Alle hypuralen Knochen sind miteinander verschmolzen.

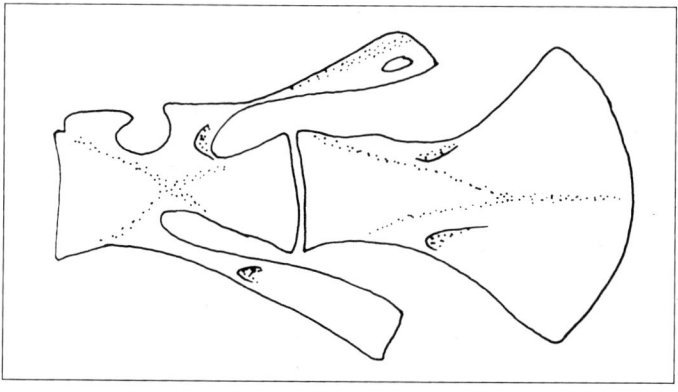

Abbildung 6:
Wie Abbildung 5 rechts, aber von unten gesehen. Die zusätzliche Ausformung des Tripus ist fest mit der Schwimmblase verbunden.

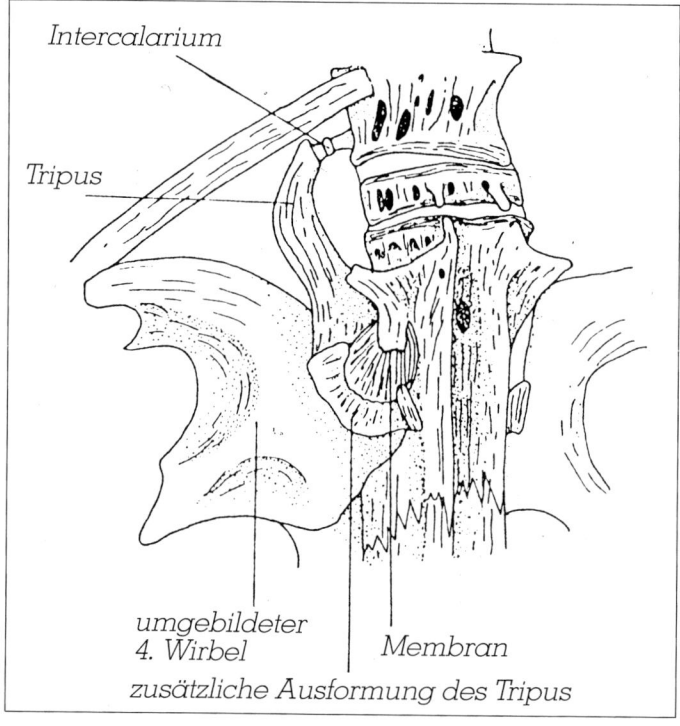

Intercalarium

Tripus

umgebildeter
4. Wirbel

Membran

zusätzliche Ausformung des Tripus

Elektrische Wels (Electrophoridae) oder *Pangasius* (Pangasiidae), zwei Kammern. Von außen betrachtet sehen die zweikammerigen Schwimmblasen denen mit nur einer

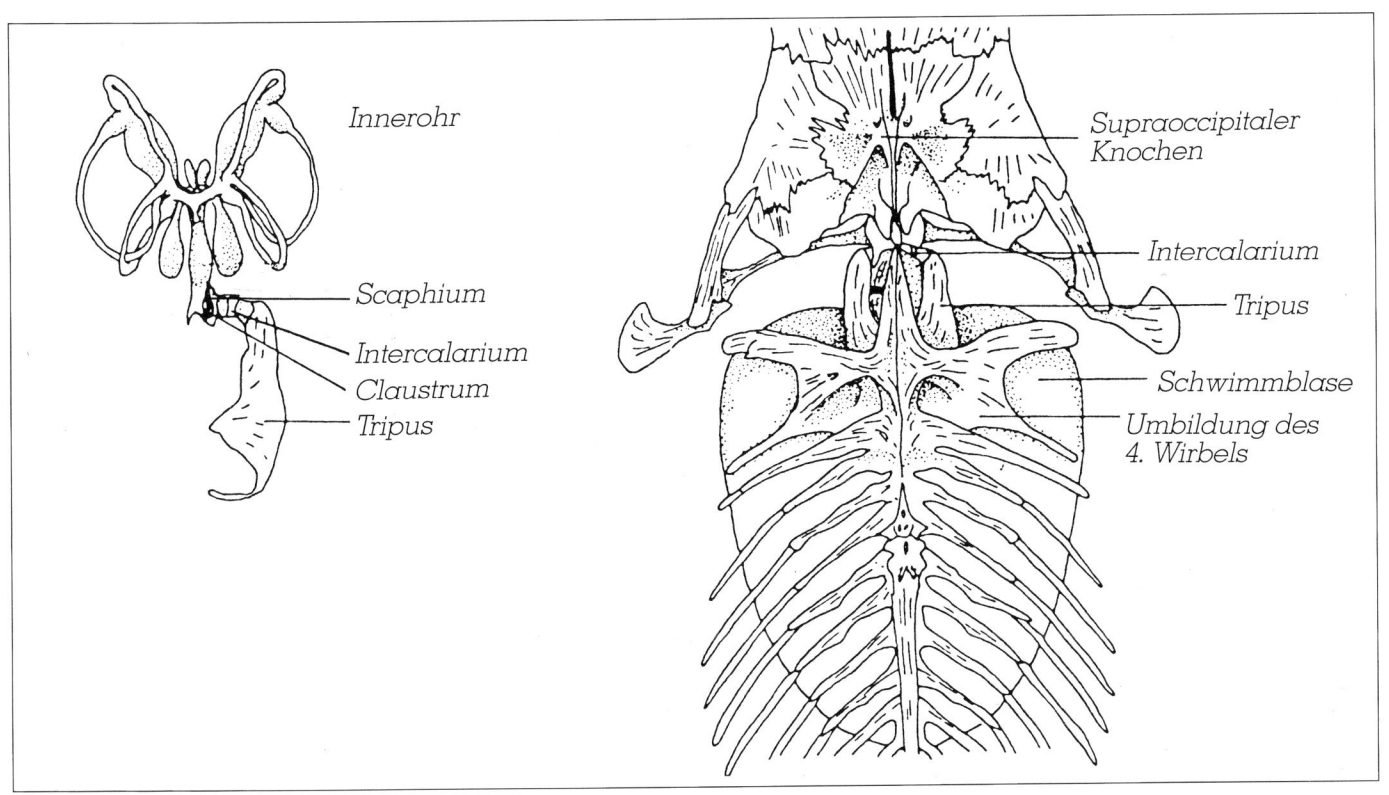

Innerohr

Scaphium
Intercalarium
Claustrum
Tripus

Supraoccipitaler Knochen

Intercalarium

Tripus

Schwimmblase

Umbildung des 4. Wirbels

Kammer ganz ähnlich, im Inneren sind sie jedoch durch dünne Membranen in kleinere Abteilungen, gewöhnlich vordere und hintere, getrennt. Und auch diese Segmente können wieder aufgeteilt sein in rechte und linke wie vordere und hintere Kammern.

Der Hauptunterschied zwischen der Schwimmblase der Welse und der anderer Fische besteht darin, daß die der Welse fest unter der Wirbelsäule liegt und von einem aus abgeflachten Rippen gebildeten Stützapparat eingekapselt ist. Die vierten und fünften Rippen sind wie Schmetterlingsflügel ausgebreitet und umgreifen die Schwimmblase. Im Extremfall, etwa bei *Callichthys* (Callichthyidae), ist sie derart von den Rippen umschlossen, daß es beim Sezieren eines Fisches große Mühe bereitet, sie freizulegen.

Trotz unterschiedlichsten Aussehens, oval oder herzförmig etwa oder länglich und dünn ausgezogen, liegt die Schwimmblase immer zwischen Wirbelsäule und Bauchhöhle. Bei einigen Arten reicht sie bis zur Höhe der Mitte der Afterflosse. Schwimmblasen dieses Typs wachsen bei Jungfischen zunächst in normaler Gestalt mit angedeuteter Spitze am Oval* (* = Das Oval ist eine kleine,

besonders stark durchblutete Zone am oberen hinteren Ende der Schwimmblase, das mit einem besonderen Muskel von ihr getrennt werden kann und dazu dient, Gas aus ihr zu entfernen; Anmerkung des Übersetzers. Nach Norman, 1966, Die Fische. Hamburg, Berlin). Verschiedene Welse haben eine solche verlängerte Schwimmblase, die in viele Abschnitte unterteilt ist und von der wir wissen, daß sie als zusätzliches Atmungsorgan dient. Ein Vertreter der Siluridae wiederum besitzt einen gut entwickelten festen Stützapparat, der die Vermutung nahelegt, daß wir auch hier ein zusätzliches Atmungsorgan vor uns haben. Andererseits hat dieser Wels einen im Verhältnis zum Körper ungewöhnlich großen Kopf, so daß man auch annehmen könnte, daß die Schwimmblase hier eher die Funktion eines Gegengewichtes mit übernimmt.

Die Schwimmblase hat sich ursprünglich aus einem Teil des Verdauungskanals entwickelt und steht von daher noch mit diesem durch eine enge Röhre in Verbindung. Bei einigen Plotosidae hat die Schwimmblase nach der Rückbildung dieses Kanals ihre Flexibilität verloren und ist recht starr. Ob eine solche verhärtete Schwimmblase noch als Resonator dienen kann, ist eher unwahrscheinlich.

Vielleicht hat die Entwicklung der Lunge der landlebenden Wirbeltiere die der Schwimmblase mit eingeschlossen, einige der rezenten Fische benutzen sie heute noch als akzessorisches (= zusätzliches) Atmungsorgan. Bei *Pangasius* (Pangasiidae) haben wir diesen Schwimmblasentypus vor uns: Sie ist flexibel und in kleine Kammern unterteilt, deren Trennwände von schwammiger Beschaffenheit sind und von vielen Kapillarien und anderen Blutgefäßen durchzogen sind. Allerdings ist die Schwimmblase wirklich nur zusätzlich als Atmungsorgan brauchbar; wäre der Fisch allein auf sie angewiesen, könnte er nicht überleben.

Die Bauchhöhle ist bei den Fischen normalerweise von Muskeln umgeben. Da die Welse solche Muskeln aber nicht besitzen, ist die Schwimmblase den Schallinformationen direkter zugänglich. Man kann deshalb annehmen, daß die Welse die seitlichen Schwimmblasenmuskeln zurückgebildet haben, um die Effektivität dieses Organs als Schallempfänger zu erhöhen. Schwimmblase und Weberscher Apparat arbeiten „Hand in Hand", um dem Wels eine größere Hörfähigkeit zu ermöglichen, denn in trübem Wasser sind Geräusche und Gerüche für die oft nachtaktiven Fische meist die einzigen nützlichen Informationen.

Die wichtigsten Unterscheidungsmerkmale: Knochen und Muskeln

Sicherlich sind äußere Merkmale zur Klassifizierung von Welsen wichtig, doch haben artspezifisch geformte Knochen, vor allem im Kopfbereich, und Muskeln mindestens die gleiche, wenn nicht größere Bedeutung. Im folgenden werden vor allem Kopf- und Schwanzknochen sowie die seitlichen Kopfmuskeln behandelt.

Der Schädel besteht normalerweise aus recht vielen Knochen, doch ist ihre Anzahl in Folge bemerkenswerter Vereinfachungen manchmal reduziert, manchmal aber auch zur zusätzlichen Panzerbildung erhöht. Ein den Welsen gemeinsames Hauptmerkmal ist das Fehlen von parietalen und subopercularen Knochen. Ob diese Knochen zurückgebildet worden sind oder einfach in einer Verbindung mit anderen aufgegangen sind, ist noch nicht geklärt. Fehlt ein Knochen, so findet man diesen bei den gepanzerten Welsen meist als Teil eben dieser Panzerung wieder, zu der natürlich zahlreiche weitere Knochenteile hinzugetreten sind, da eine derart geringe Zahl zur vollständigen Bedekkung des Kopfes nicht ausgereicht hätte. Möglicherweise steht die Verringerung der Anzahl der Kopfknochenelemente in Zusammenhang mit den abgeflachten Köpfen vieler Arten, während die Zunahme mit der Panzerung ihre Erklärung gefunden zu haben scheint.

Der Schädel schützt das Gehirn, die Zentrale des Nervensystems aller Wirbeltiere, und dient zugleich als Ansatzfläche für die Kiefermuskeln. Die Kiefer, oder besser: das Maul, stellen die Eintrittsöffnung für die Energie dar, die das Tier optimal am Leben erhalten soll. Diese Zusammenhänge lassen sich gut als Beispiel anführen, soll die Evolution der Wirbeltiere erklärt werden: Wie hier bei den Welsen kommt es bei den Fischen überhaupt oft vor, daß äußerlich ähnlich scheinende Arten einen ganz unterschiedlichen

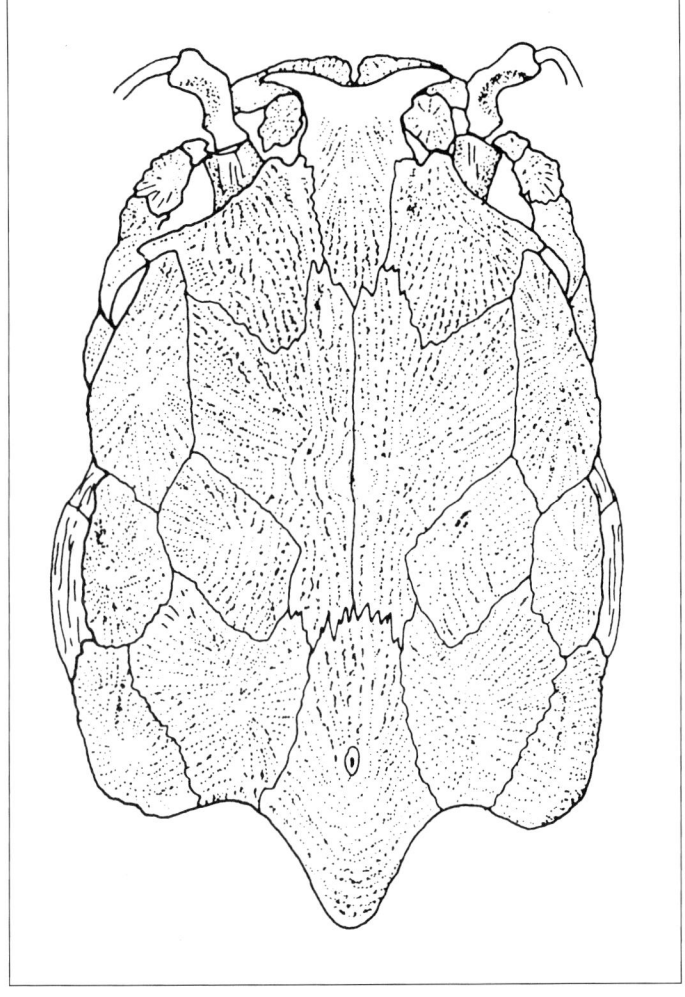

Abbildung 8:
Callichthys Spec. (Callichthyidae). Bis auf das Auge
ist der gesamte Schädel von Knochen bedeckt.

— Auge

inneren Aufbau haben. Im Gegensatz dazu besitzen einige äußerlich völlig verschieden aussehende Welsarten recht ähnliche Schädelkonstruktionen. Liegt solch ein Fall vor, reibt sich der Systematiker erfreut die Hände!

Um eine Welsart mit der anderen vergleichen zu können, müssen diejenigen Elemente gefunden werden, die beiden gemeinsam sind oder zumindest einen gemeinsamen Ursprung haben, doch ist es schwierig, die Arten einander gegenüberzustellen, da sie entweder mehr oder weniger Schädelknochen aufweisen können und die Unterschiede in Form und Anordnung – besonders bei einer erhöhten Anzahl – durchaus nicht immer erkennbar sind. Oft läßt sich daher die Herkunft der einzelnen Elemente nicht sicher bestimmen.

Ein Beispiel für Welse mit erhöhter Schädelknochenanzahl ist *Clarias* (Clariidae) (Abbildung 7), während die Siluridae unter

der üblichen Knochenzahl liegen. Ein charakteristischer Übergang zu den panzertragenden Welsen ist *Callichthys* (Callichthyidae). In seinem Fall sind die Knochen, die die Kopfseiten bedecken – Os opercularis, Os lacrimae und Os praeopercularis –, stark vergrößert: Der Kopf ist vollständig von Knochenplatten bedeckt (Abbildung 8). Besonders wenn man sie von oben betrachtet, erkennt man, daß Welsköpfe meist abgeplattet sind. Ein knöcherner Grat verläuft in der Mitte des Schädels von vorn nach hinten (Supraoccipitalkamm); an diesem sitzen die lateralen (seitlichen) Muskeln, die den Körper bewegen (Abbildung 9). Neben diesem hat

Abbildung 9:
Siluridae. Der knöcherne Grat
(Supraoccipitalkamm), an dem die seitlichen
Muskeln angreifen (Seitenansicht).

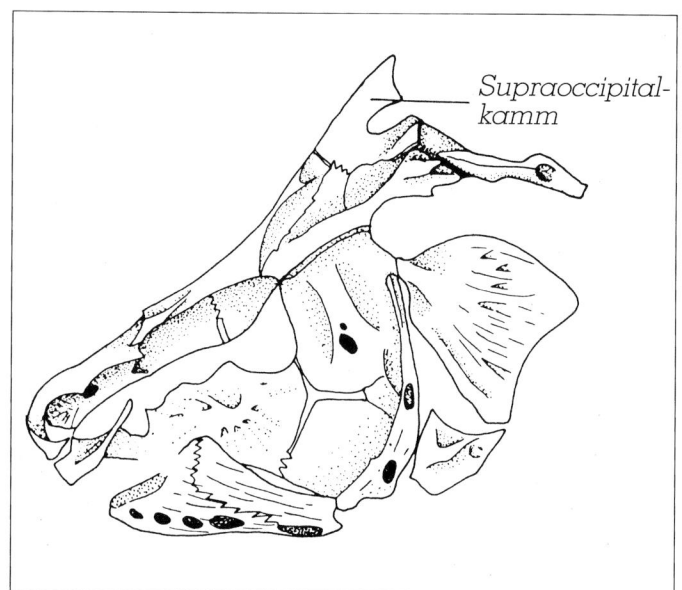

Abbildung 9:
Siluridae. Der knöcherne Grat
(Supraoccipitalkamm), an dem die seitlichen
Muskeln angreifen (Seitenansicht).

Supraoccipital-
kamm

seitlich und unten am Kopf der hauptsächlich für die Bewegungen des Unterkiefers
verantwortliche Muskel seine Ansatzpunkte.
Auf diesen soll hier näher eingegangen
werden.

Bei den Welsen sind die maxillaren Knochen zur Basis der Oberkieferbarteln gewor-
den, wobei der ehemals den Kiefer bewe-
gende Knochen diese Funktion verloren hat
und nun für die Bewegung der Barteln zu-
ständig ist. Trotz der langen und dicken Barteln vieler Arten ist er nicht immer gut entwickelt, im Gegenteil: Bei manchen Arten
mit dünnen, weichen Barteln können wir
mehrere kräftige Muskeln finden, die diese
bewegen. Im letzteren Fall könnte man vielleicht der Theorie folgen, daß sie von Vorfahren abstammen, die in der Lage gewesen
waren, ihre Barteln aktiv zu bewegen.

Der Muskel, der den Unterkiefer schließt,
führt von diesem Knochen zur Schädelseite.
Es lassen sich verschiedene Muskelschich-
ten erkennen, diese sind wiederum in viele

Fasern aufgeteilt, von denen einige gedreht
sein können, einige sind teilweise abgebaut
und zu Sehnen umgebildet worden.

Weitere äußere Merkmale

Das Verhältnis der Flossenpositionen zu-
einander und die Anzahl der Flossenstrahlen sind gute klassifikatorische Merkmale. Es
ist zum Beispiel von Interesse, ob die Brustflossen bis unter die Rückenflosse reichen
oder nicht, ob die Afterflosse noch unter der
Rückenflosse beginnt oder nicht und so weiter. Solche Charakteristika sind taxonomisch
sehr nützlich, doch muß dabei die jeweilige
Richtung berücksichtigt werden, die die Evolution eingeschlagen hat, das heißt, ist im
vorliegenden Fall eine Zunahme oder eher
eine Abnahme zu verzeichnen? In den systematisch bisher erfaßten Gruppen ist jedoch
meist eine Tendenz erkennbar.

Auch die Maßverhältnisse der einzelnen
Körperteile werden zur Klassifizierung und
Identifizierung herangezogen. Mit Hilfe dieser Methode lassen sich Form und Propor-
tion des gesamten Erscheinungsbildes in
Zahlen ausdrücken. Vergleicht man dann
die Werte einzelner Fische miteinander, können auffällige Differenzen auf verschiedene
Artzugehörigkeit hindeuten.

Luftatmung

Mit Hilfe der Schwimmblase, über die weiter vorne schon gesprochen worden ist, sind
etliche Welsarten in der Lage, atmosphäri-
sche Luft zu veratmen. Die in Asien lebenden *Pangasius*-Arten (Pangasiidae) haben

zumeist diese Fähigkeit. Andere nutzen dazu nicht die Schwimmblase, sondern entwicklungsgeschichtlich jüngere Organe. Hierher gehören die *Clarias*-Arten, von denen auch eine albinotische Form existiert, die den Biologen schon länger bekannt sind. Bei ihnen ist das akzessorische Atmungsorgan, wegen seines Aussehens wird es als „Bäumchen" bezeichnet, eine Entwicklung der oberen Kiemenbogenenden. Zwischen dem zweiten und dritten Kiemenbogen liegt eine Höhlung, die von dem umgebildeten Gewebe ausgefüllt wird. Beim Auftauchen saugen die damit ausgestatteten Fische Luft durch das Maul ein und tauchen wieder ab, wenn die obere Kiemenhöhle gefüllt ist. *Clarias* kann auf diese Weise in Gewässern überleben, die nur sehr wenig Sauerstoff enthalten, und er ist damit sogar in der Lage, bis zu hundert Meter lange Strecken über Land zurückzulegen, indem er sich mit seinem Körper vorwärts schlängelt und sich dabei auf die Brustflossenstacheln stützt. Obwohl der Gurami nicht zur Familie der Siluridae gehört, hängt seine Sauerstoffversorgung zu 60 Prozent von diesem Organ ab. Wird er an der Luftatmung gehindert, erstickt er. Bei *Clarias* wissen wir nicht, wie groß der Anteil der Luftatmung ist, doch sollten bei ihm die Verhältnisse ähnlich liegen, wird auch er zugrunde gehen, wenn er nicht in der Lage ist, seinen Sauerstoffbedarf aus der Luft zu decken.

Auch der Darm kann als akzessorisches Atmungsorgan dienen. So hat *Callichthys* (Callichthyidae) einen recht dünnwandigen Darm, der von zahllosen Blutgefäßen durchzogen ist, die die Sauerstoffaufnahme ermöglichen. Wie die oben genannten Arten benötigen sie nicht unbedingt sauerstoffreiches Wasser, sind aber genauso abhängig

vom Luftsauerstoff: Ohne Luftatmung sind sie nicht überlebensfähig. Selbst in sehr sauerstoffreichem Wasser decken diese Welse ihren Bedarf aus der Atmosphäre, aber alle atmen das Kohlendioxid ins Wasser aus.

Elektrische Organe

Alle Welse besitzen ein Organ, das sie dazu befähigt, elektrische Signale zu empfangen, auch wenn hier durchaus verschiedene Entwicklungsstufen vorhanden sind. Mit Hilfe dieses Organs sind sie in der Lage, im trüben Wasser ihre Position zu bestimmen oder Nahrung beziehungsweise Beute zu lokalisieren. Verfügen sie zusätzlich über die Fähigkeit, Elektrizität zu erzeugen, können sie damit nähere Objekte noch genauer orten und entweder ihre Beute betäuben oder sich durch einen Schlag vor Feinden schützen. Doch gibt es nur wenige Fische, die dazu in der Lage sind – nur insgesamt sieben Familien sind bisher bekannt (Elektrische Aale, Elektrische Rochen, Elektrische Welse, Nilhechte und andere). Die Elektrischen Welse sollen hier etwas näher betrachtet werden.

Allgemein wird davon ausgegangen, daß die elektrischen Organe dieser Fische ihren Ursprung, sowohl embryologisch wie anatomisch betrachtet, in Muskeln haben. Die flachen Platten aus vielkernigen Zellen (elektrische Platten genannt) sind regelmäßig angeordnete Umbildungen von Muskelzellen und stellen die Batterie im Fischkörper dar. Vom Elektrischen Rochen ist die überraschend hohe Anzahl von über zweihunderttausend elektrischen Platten bekannt. Eine normale Muskelzelle zieht sich zusammen, wenn sie einen elektrischen Impuls erhält, eine elektrische Platte erzeugt Elektrizität, wird sie angeregt. Elektrische Rochen können Ströme von über zweihundert Volt und zweitausend Watt erzeugen, Elektrische Welse bringen es sogar auf über sechshundert Volt. Solch große Stromstärken werden zum Schutz oder zum Beutefang eingesetzt, die schwachen Entladungen hingegen erfüllen einen ähnlichen Zweck wie ein Radargerät, da die Seitenlinie die erforderlichen Informationen über Feind oder Beute „lesen" kann.

Das stromerzeugende Organ des Elektrischen Welses ist recht dünn und ummantelt unter der Haut den gesamten Körper, wobei die zahllosen elektrischen Platten neben-, aber nicht übereinander liegen. Da es derart dicht unter der Haut liegt, ist es auch zweifelhaft, ob es sich dabei ursprünglich um Muskelzellen handelt. Möglicherweise ist es eine Umbildung eines Drüsensystems.

Fortpflanzungsaktivitäten

In den letzten Jahren sind die unterschiedlichsten Vermehrungsmethoden im Tierreich erforscht worden, wobei die an Welsen gemachten Beobachtungen einen interessanten Beitrag bilden. Ein besonders aufsehenerregendes Beispiel bietet eine *Synodontis*-Art (Mochocidae) aus dem Tanganjikasee. Diese Welse spritzen ihre Eier in das Maul von maulbrütenden Cichliden, während dieser selbst mit dem Ablaichen beschäftigt ist. Cichliden- und Welseier werden zusammen im Maul des Buntbarsch-Weibchens erbrütet, die Welse schlüpfen, und nachdem ihr Dottervorrat aufgebraucht ist, fressen sie

die Cichlidenjungen. Für den Cichliden scheint das eine unglaubliche Zeit- und Energieverschwendung zu sein, zumal viele Fragen im Moment noch offen sind. Registriert er den Vorgang überhaupt? Was tut das Weibchen, falls sie es bemerkt? Bedeutet es wirklich eine Behinderung für den Cichliden? Vielleicht erbringen zukünftige Forschungen die Antworten.

Einige Welsarten bewachen ihre Brut sehr aufopferungsvoll. Von den Plotosidae wissen wir aufgrund zahlreicher Freilandbeobachtungen, daß die Männchen das Gelege beschützen. Obwohl wir durch Aquarienversuche wissen, daß auch die Weibchen dazu in der Lage sind, ist es in der Natur immer das Männchen, das unter Steinen den Sand weggräbt und so eine Laichhöhle baut; es scheint sich dabei auch geschickter anzustellen als das Weibchen. Der Laich wird dann vom Männchen eifrig gepflegt. Mit den Brustflossen fächelt er vorsichtig frisches Wasser über das Gelege, hält die Eier und deren Umgebung sauber und bewacht die geschlüpften Jungen, bis sie ihren Dottersack aufgezehrt haben und sich selbständig machen.

Von den Männchen der *Amblyceps*-Arten (Amblycipitidae) und der Bagridae wird behauptet, daß auch sie ihren Laich beschützen, doch liegen genaue Beobachtungen bis jetzt nicht vor.

Eine besondere Bagridae-Art lebt im Malawisee in Afrika. Von ihr wissen wir, daß beide Elternteile bei der Pflege ihrer Nachkommen kooperieren: Das Männchen bringt die Nahrung, stößt sie durch die Kiemen aus und füttert so die Jungen. Das Weibchen bewacht in der Hauptsache Nest und Larven, beteiligt sich aber auch an der Fütterung. Diese Art von Brutpflege ist bei Fischen sehr selten. Darüber hinaus ist dieser Fisch noch bemerkenswert, weil er beim Schutz seiner Jungen mit einem Cichliden zusammenarbeitet. Dadurch ist die Sterblichkeitsrate der Jungwelse im Hinblick auf das Gefressenwerden durch Feinde viel niedriger und auch für die Cichliden bedeutet dieses Verfahren natürlich eine erhöhte Sicherheit, so daß beide Arten davon profitieren.

Die dem Meer entstammenden Ariidae sind vermutlich Maulbrüter, doch da diese Annahme nur aufgrund von im Maul adulter Tiere gefundener Eier oder frisch geschlüpfter Larven besteht, herrscht hierüber noch keine absolute Gewißheit. Es liegen zuwenige Informationen vor, aus denen man eine verläßliche Hypothese darüber ableiten könnte, wie sich diese Welse bei der Brutpflege verhalten.

Einfacher und klarer liegen die Verhältnisse bei den *Corydoras*-Arten. Ihr Laichverhalten ist von vielen Aquarienbeobachtungen her bekannt. Diese kleinen Panzerwelse kümmern sich nicht um ihre Nachkommenschaft. Die Weibchen tragen die befruchteten Eier in einer aus den zusammengefalteten Bauchflossen geformten Tasche zu einem geeigneten Substrat, einer Pflanze etwa, und heften sie dort an. Eine Theorie besagt, daß die Weibchen die Spermien mit dem Maul aufnehmen, da sie ihr Maul während des Laichvorganges immer in die Nähe der männlichen Genitalöffnung bringen; die Weibchen würden dann die Spermien selbst über die Eier blasen. Das alles ist aber nicht bewiesen, und der eigentliche Moment der Befruchtung ist nicht bekannt.

Hin und wieder gelingt es, die japanischen Welse aus der Familie der Siluridae *(Silurus asotus, Silurus lithophilus* und *Silurus biwaensis)* in freier Natur nach einem starken Regen bei ihrem interessanten Laichverhalten zu beobachten. Das Männchen schlingt sich wie ein Reifen um das Weibchen und veranlaßt es dadurch, die Eier auszustoßen. Von anderen Gattungen, etwa *Clarias* (Clariidae), ist ein ganz ähnlicher Laichakt durch Beobachtungen an Aquarientieren bekannt.

Das Verhalten der Welse während der Fortpflanzungszeit ist deswegen so interessant, weil mit den unterschiedlichen Welstypen auch die verschiedensten Arten des Ablaichens und der Brutpflege auftreten. In Zukunft werden wohl gerade aus diesem Gebiet die meisten Forschungsergebnisse bekannt werden.

Verbreitung und Verwandtschaftsbeziehungen

Obwohl die Welse 31 Familien umfassen, zwischen denen zum Großteil noch ungeklärte Verwandtschaftsbeziehungen bestehen, ist doch ihre ungeheure Verbreitung ein noch ungeklärtes Phänomen, legt man ihre Zugehörigkeit zu den Ostariophysi zugrunde. Zunächst soll hier deshalb die Einteilung der Ostariophysi näher erläutert werden:

Das gemeinsame bestimmende Merkmal der Ostariophysi ist das Vorhandensein des Weberschen Apparates. Der Klassifizierung von Fink & Fink (1981) folgend, werden sie in Gonorhynchoidei, Cyprinoidei, Characoidei und Siluroidei eingeteilt. Die uns hier hauptsächlich interessierenden Gruppen sind die Welse und die Elektrischen Aale. Die gegenwärtige Verbreitung dieser Gruppen ist bekannt. Die Characoidei sind in Südamerika und Afrika beheimatet, die Cy-

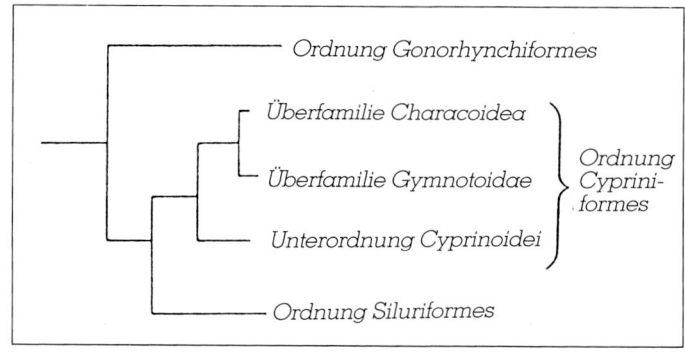

Abbildung 10:
Das System der Ostariophysi
nach Fink & Fink (1981).

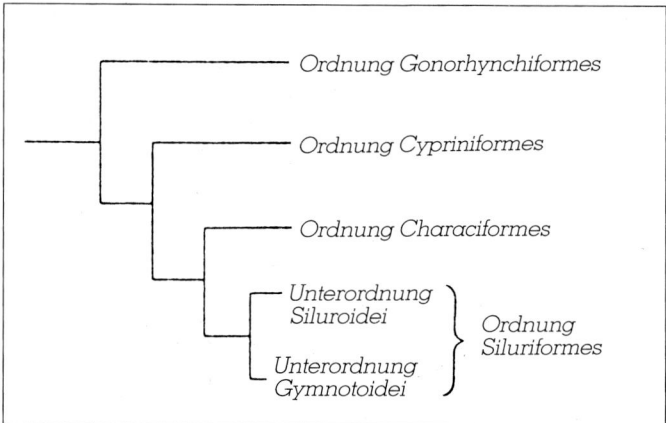

prinoidei leben in Eurasien und auf dem nordamerikanischen Kontinent, die Welse besiedeln alle vier Erdteile und die Elektrischen Aale sind sowohl aus Nord- als auch aus Südamerika bekannt. Abbildung 10 verdeutlicht noch einmal die Verwandtschaftsbeziehungen der Ostariophysi nach Fink & Fink. Deren Theorien besagen, daß die Welse nicht so alt sind wie die Characoidei oder Cyprinoidei, geht man davon aus, daß die fossilen Otholiten bestimmter Ariidae aus dem Beginn der Kreidezeit stammen. Es wird allgemein angenommen, daß die Characoidei bereits aufgetreten waren, bevor sich der Superkontinent Gondwana von Südamerika getrennt hatte – also im Jura.

Andererseits stimmen Fink & Fink aufgrund einiger Differenzen mit dem gebräuchlichen taxonomischen System nicht mit ihrer eigenen Theorie überein. Aber auch die Annahmen von Novacek & Marshall sind sehr interessant. Folgt man ihrer Einteilung von 1976, so sind die Ostariophysi in drei große Gruppen zu gliedern: Gonorhynchiformes, Cypriniformes und Siluriformes.

Die Ordnung Cypriniformes schließt die Characoidei und Cyprinoidei ein, die Characoidei wiederum die Characoidea und Gymnotoidea. Sie vermuten, daß sich die Verwandtschaftsbeziehungen so wie in Abbildung 11 gezeigt darstellen. Ihrer Ansicht nach hängen die Altersunterschiede mit den Bewegungen der Kontinente zusammen (Abbildung 12).

Mit anderen Worten: Bevor sich der Superkontinent Gondwana teilte, hatten sich bereits die Vorfahren der Ostariophysi sowohl auf dem südamerikanischen wie auch dem afrikanischen Kontinent entwickelt. Zu Anfang der Kreidezeit, die mit der Entstehung des südatlantischen Ozeans einsetzte, begann dann eine Differenzierung der Ostariophysi in Südamerika. Cypriniformes und Siluriformes trennten sich in der Mitte der Kreidezeit und entwickelten sich eigenständig in Südamerika und Westafrika. Zur Zeit der Bildung des Atlantik hatten diese beiden Kontinente in bezug auf Welse und Karpfenartige eine gemeinsame Fauna. Die Gymnotoidea entwickelten sich aus den südamerikanischen Characiformes.

Außerdem begannen sich die Vorformen der Characoidei auszubreiten. Gegen Ende der Kreidezeit und zu Beginn des Paläozäns wurden die vorher vereinten Kontinente Südamerika und Afrika getrennt. Siluriformes und Characoidea verbreiteten sich über ganz Afrika.

Dann entwickelten sich die Cyprinoidei aus Characoidea-ähnlichen Fischen. Im Paläozän, etwa zu der Zeit, als das Tethys-Meer vom Land eingeschlossen wurde, wanderten die Cyprinoidei und die Siluriformes nach Europa ein. Während des Überganges vom Paläozän zum Miozän öffnete sich das

Abbildung 12:
A: Beginn der Kreidezeit. B: Mittlere Kreidezeit.
C: Mittlere und späte Kreidezeit.
D: Ende der Kreidzeit.
1: Urtyp der Ostariophysi. 2: primitive
Characiformes. 3: primitive Siluriformes.
4: Elektrische Aale (Unterordnung Gymnotoidei).
5: Südamerikanische Characoidei.
6 und 7: Südamerikanische Siluroidei.
8: Afrikanische Characoidei. 9: Ordnung
Cypriniformes. 10 und 11: Welse der Alten Welt.

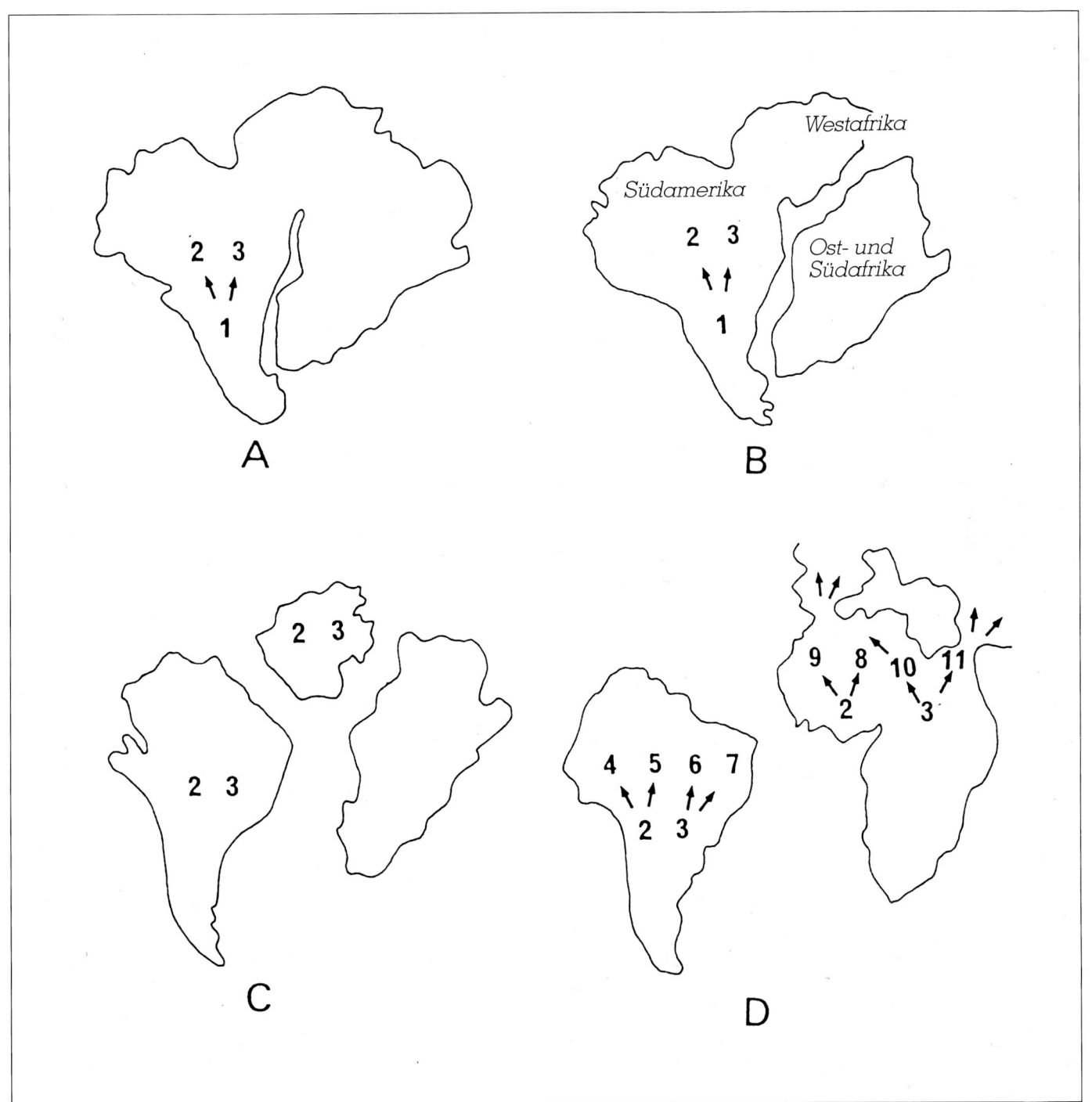

Tethys-Meer wieder und trennte dadurch Afrika von Eurasien. Die Cyprinoidei entwikkelten sich in Europa eigenständig weiter. Auf diese Weise haben sich Siluriformes und Cypriniformes aus ihrer eigenen Fauna in Afrika und Eurasien entwickelt.

Diese Hypothese, die auf der Theorie der Kontinentalverschiebung beruht, hat dadurch, daß etliche chronologische Daten hinzugekommen sind, sehr an Überzeugungskraft gewonnen. Verglichen mit der Theorie von Fink & Fink, die ja weiter oben schon beschrieben worden ist, erkennen wir, daß die Systematik selbst sehr differenziert zu betrachten ist. Novacek & Marshall teilen die Cypriniformes in Characoidei und Cyprinoidei und stellen die Characidae und Electrophoridae zu den Characoidei. Fink & Fink hingegen machen Cypriniformes und Characiformes voneinander unabhängig und spalten die Siluriformes in Gymnotoidei und Siluroidei. Der größte Unterschied liegt in der jeweiligen Stellung der „Gruppe" Elektrische Aale. Obendrein gehen die letzteren davon aus, daß die Welse nicht so alt wie die Cypriniformes und die Characiformes sind. Als Gipfel des Verwirrspiels, sozusagen, besagt die Theorie von Darlington, daß die Characidae ihren Ursprung im tropischen Asien gehabt hätten, über die Landbrücke über die Bering-See zunächst nach Südamerika eingewandert wären, wo sie sich weit verbreitet hätten und das Ende ihres Zuges auf dem nordamerikanischen Kontinent erreicht hätten.

Diese Theorien sind vor allem auch deshalb so interessant, weil sie eine enge Beziehung zwischen der Ausbreitung der Ostariophysi – zu ihnen gehören ja die Welse – und der Kontinentalverschiebung zugrunde legen.

Den Schluß der Ausführungen über die Siluroidei sollen Roberts Vermutungen bilden: Ausgehend vom Äquator als Zentrum haben sich die Siluroidei über alle Kontinente verbreitet. Südamerika brachte mit 13 Familien die größte Vielfalt hervor, verglichen mit neun Familien in Eurasien und drei in Afrika. Diese Fülle entwickelte sich in Südamerika wahrscheinlich erst nach der Bildung der Anden.

Bis jetzt war hauptsächlich vom bemerkenswerten Äußeren und interessanten Verhalten der Welse mit seiner geradezu erschreckenden Vielfalt die Rede. Mit Sicherheit ist diese Vielfalt mit der außerordentlich weiten Verbreitung der Welse zu erklären. Es wurde schon gesagt, daß sich nur wenige Studien mit den Welsen insgesamt befassen. In relativ neuester Zeit gibt es nur eine Arbeit, die sich auf Chardons Untersuchung der Schwimmblase (1968) und Webers vergleichende Anatomie bezieht. Ob es wohl für einen einzelnen Wissenschaftler aufgrund der ungeheuren Mannigfaltigkeit und der großen Verbreitung der Welse unmöglich ist, sich mit der gesamten Gruppe auseinanderzusetzen?

Doch nun zu den Schlußfolgerungen von Chardon: Er stellte die Siluroidei von Fink & Fink zu den Siluriformes und teilte sie in drei Gruppen ein. Als Unterscheidungsmerkmal zog er die Konstruktion der Wirbel und deren Verbindung sowie die Beweglichkeit beziehungsweise Unbeweglichkeit des Schultergürtels gegenüber dem Schädel heran. Weiterhin spaltete er diese drei Gruppen in weitere Untergruppen auf, wofür als Kriterium die Bauweise der Schwimmblase diente: 1. Die Schwimmblase liegt frei. 2. Die Schwimmblase ist zurückgebildet, liegt aber frei. 3. Die Schwimmblase ist von einer knö-

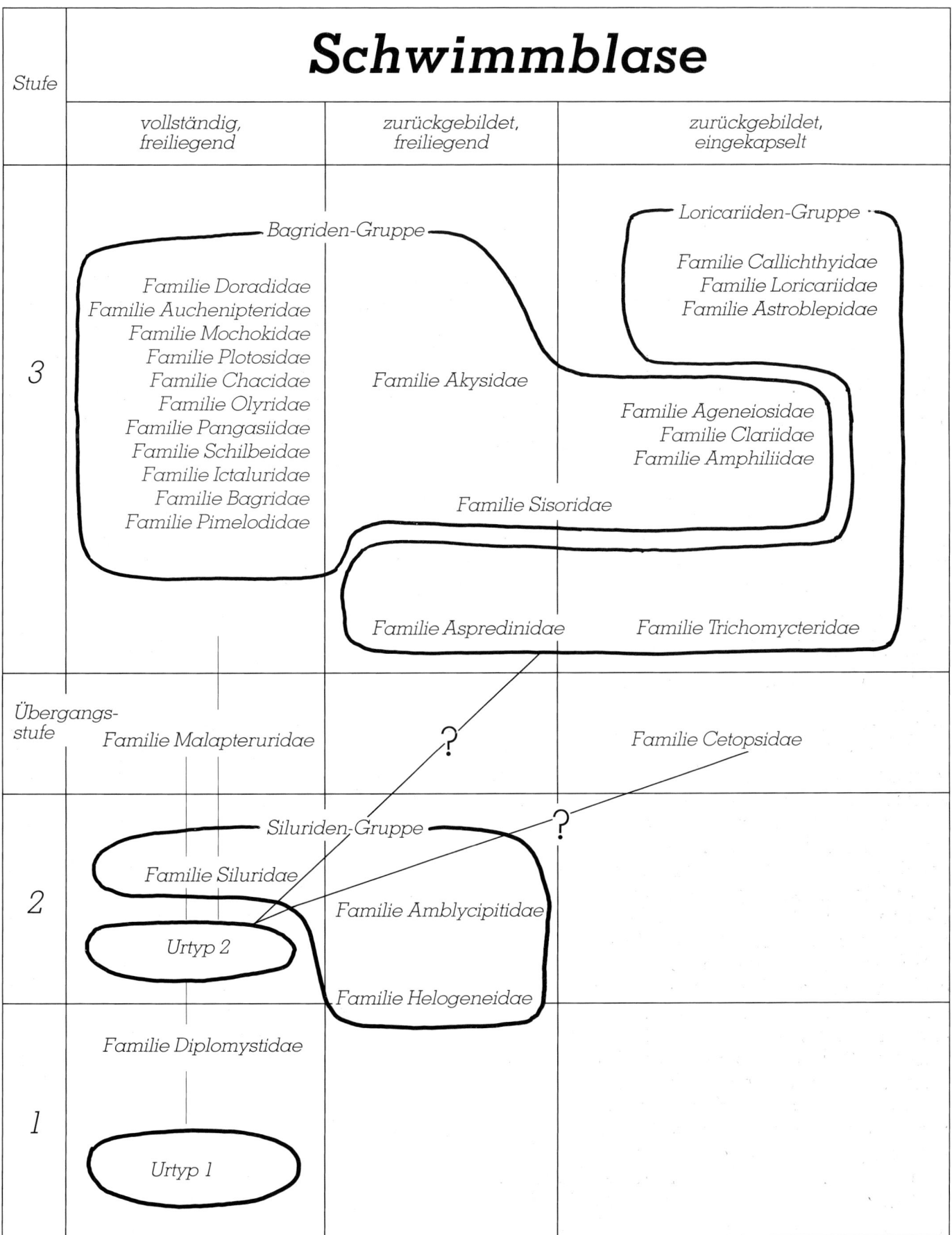

Schwimmblase

Stufe	vollständig, freiliegend	zurückgebildet, freiliegend	zurückgebildet, eingekapselt

3

Bagriden-Gruppe

Familie Doradidae
Familie Auchenipteridae
Familie Mochokidae
Familie Plotosidae
Familie Chacidae
Familie Olyridae
Familie Pangasiidae
Familie Schilbeidae
Familie Ictaluridae
Familie Bagridae
Familie Pimelodidae

Familie Akysidae

Loricariiden-Gruppe

Familie Callichthyidae
Familie Loricariidae
Familie Astroblepidae

Familie Ageneiosidae
Familie Clariidae
Familie Amphiliidae

Familie Sisoridae

Familie Aspredinidae   Familie Trichomycteridae

Übergangs-stufe

Familie Malapteruridae   **?**   Familie Cetopsidae

2

Siluriden-Gruppe   **?**

Familie Siluridae

Familie Amblycipitidae

Urtyp 2

Familie Helogeneidae

1

Familie Diplomystidae

Urtyp 1

chernen Kapsel umgeben. Ausgehend von diesen neun Hauptmerkmalen stellte Chardon 32 Familien auf. (Er betrachtet die Astroblepinae, eigentlich nur eine Unterfamilie der Loricariidae, als eigenständige Familie.) Natürlich sind einige davon Zwischen- oder Übergangsstufen. Nach Chardon hätten sich die sieben Untergruppen – *Diplomystes*-Gruppe (eine Familie), Siluriden-Gruppe (drei Familien), Elektrische Welse (eine Familie), Bagriden-Gruppe (19 Familien), Cetopsiden-Gruppe (eine Familie), Hypophthalmiden-Gruppe (eine Familie) und Loricariiden-Gruppe (sechs Familien) – aus der Diplomystiden-Gruppe in der dritten Stufe zur Loricariiden-Gruppe und die Bagriden-Gruppe über die Elektrischen Welse und die Cetopsiden-Gruppe entwickelt (Abbildung 13). Allerdings ist bisher die Frage nicht geklärt, ob diese sieben Gruppen monophyletisch sind oder nicht. Dies trifft besonders auf die Bagriden-Gruppe mit ihren vielen Familien und ihrer großen Verbreitung zu. Von daher sind Chardons Schlußfolgerungen nicht unumstritten. Da es aber nur wenige umfassende Studien, die Unterordnung Siluroidei insgesamt betreffend, gibt, bleibt nur die Möglichkeit, Chardons Theorien über die Systematik der Welse zu folgen.

Schon 1911 beschrieb Regan die systematischen Verwandtschaftsbeziehungen anhand vergleichender anatomischer Studien. Nach Regan haben die Diplomystidae am ehesten die Urform bewahrt und sind die primitivsten Welse. Diese Meinung wird von anderen Wissenschaftlern geteilt, da der Webersche Apparat der Diplomystidae sehr einfach gebaut ist und ihr Maxillarknochen, genau wie bei den Vorfahren der heutigen Welse, Zähne trägt. Regan sah die Familien Ariidae und Doradidae in enger Beziehung zu den Diplomystidae. Die im Meer lebenden Ariidae sind in den tropischen und subtropischen Küstenzonen weit verbreitet. Siluridae und Plotosidae lassen sich als die nächsten primitiven Verwandten ansehen, wobei sich der Begriff „primitiv" auf den zahlreichen Bauchflossenstrahlen begründet. Im Gegensatz dazu scheinen diese beiden Familien doch bereits einen gewissen Grad der Spezialisierung erreicht zu haben, da sie eine ausgesprochen lange Schwanzflosse aufweisen. Als wiederum weiter fortgeschritten erscheint als nächstes die Familie der Bagridae. Darauf folgen die nordamerikanischen Ictaluridae und viele Welsfamilien der Alten Welt. Callichthyidae und Loricariidae werden bereits als hochspezialisiert betrachtet.

Bei einigen dieser Familien sind die Verwandtschaftsbeziehungen genauer überprüft und durch anatomische Vergleiche untermauert worden. So sind zum Beispiel mehrere Theorien über die enge Verwandtschaft von Plotosidae und Siluridae im Umlauf, da sie anatomisch große Ähnlichkeiten aufweisen, oder über die Nähe von Siluridae und Malapteruridae, da sie eine auffallend übereinstimmende Struktur der Abdominalmuskeln zeigen.

Obwohl die hier geschilderten Problematiken einen Systematiker durchaus zur Verzweiflung treiben könnten, bleiben Welse doch faszinierende Fische, denn so viele unbeschrittene Wege sind noch zu gehen, und so viele unerforschte Objekte sind noch zu untersuchen, daß die Wissenschaft noch lange Jahre Freude an ihnen haben wird.

(Abteilung Meeresbiologie 2 der Agrarwissenschaftlichen Fakultät der Universität Kyushu)

Welse im Aquarium

Welse sind über die Süßgewässer fast der ganzen Erde verbreitet, einige wandern sogar von den Flußmündungen in die offene See, andere leben ausschließlich im Meer. Letztere sollen uns hier nicht interessieren, sie bleiben der Seewasseraquaristik vorbehalten.

Mit über 2000 beschriebenen Arten aus 31 Familien stellt die Ordnung Siluriformes einen recht großen Anteil der bekannten Fische. Dazu kommen laufend viele Neuentdeckungen vor allem aus Südamerika. So wurden allein innerhalb der letzten zwei Jahre etwa 100 „neue" Loricariiden bekannt und auch aus der Familie der Callichthyidae werden laufend bisher unbekannte Arten importiert. Hier ist es insbesondere die Gattung *Corydoras*, die immer wieder für Überraschungen gut ist. Aber auch ausgesprochen groß werdende Arten aus den Familien Doradidae und Pimelodidae stoßen bei den Aquarianern auf immer lebhafteres Interesse, doch scheint hier eine Warnung angebracht: Solche „Riesen" sind keine Aquarienfische! So faszinierend auch Jungtiere von *Merodontotus*, *Pseudoplatystoma*, *Pseudodoras*, *Phractocephalus* und ähnlichen Gattungen aufgrund ihrer bizarren Gestalt oder Zeichnung auch wirken können, muß man sich doch darüber im klaren sein, daß diese Welse Längen von über einem Meter erreichen können.

Einmal ganz abgesehen vom Futterbedarf dürften die benötigten Aquariengrößen nur in den wenigsten Haushalten unterzubringen sein. Wenn Sie allerdings mit einem großen öffentlichen Aquarium vorher eine Vereinbarung über die spätere Übernahme der zu groß gewordenen Tiere getroffen haben, steht der Haltung von Jungtieren solcher Arten nichts mehr im Wege. Allerdings steht zu befürchten, daß der Bedarf der Schauaquarien an Großwelsen mittlerweile gedeckt sein dürfte.

Nach einem allgemeinen Teil über die Aquarienhaltung der Welse folgt eine Beschreibung der Ansprüche der aquaristisch wichtigsten Familien, Unterfamilien oder Gattungen. Zwar ist die Einteilung recht grob, doch wird sie dem Leser bei der Orientierung nützlicher sein als eine Aufsplitterung in einzelne Arten, die zahllose Wiederholungen und Verweise mit sich gebracht hätte.

Der Behälter

Sie suchen eine Abwechslung für Ihr 50-Liter-Gesellschaftsaquarium? Sie möchten Ihren Swimmingpool mit bizarren Riesen bevölkern? Nehmen Sie Welse! Vom *Corydoras hastatus* (zwei Zentimeter) bis zum *Silurus glanis* (drei Meter) haben Sie die große Auswahl. Jede gängige Beckengröße ist geeignet. Nur informieren müssen Sie sich vorher – aber dafür ist dieses Buch ja da. Auch alle üblichen Bauweisen können eingesetzt werden, doch vertrauen Sie nicht auf Acryl, wenn Sie zum Beispiel *Panaque*-Arten pflegen möchten! Innerhalb kurzer Zeit haben sie den einstmals durchsichtigen Kunststoff blind geraspelt. Achten Sie bei der Anschaffung des Behälters auch lieber auf eine möglichst große Grundfläche als auf die Höhe des Aquariums, denn die meisten Welse lieben Verstecke, und die lassen sich dann einfacher gestalten und weiträumiger plazieren, denn etliche Arten sind zudem territorial und mögen eine allzu große Nähe

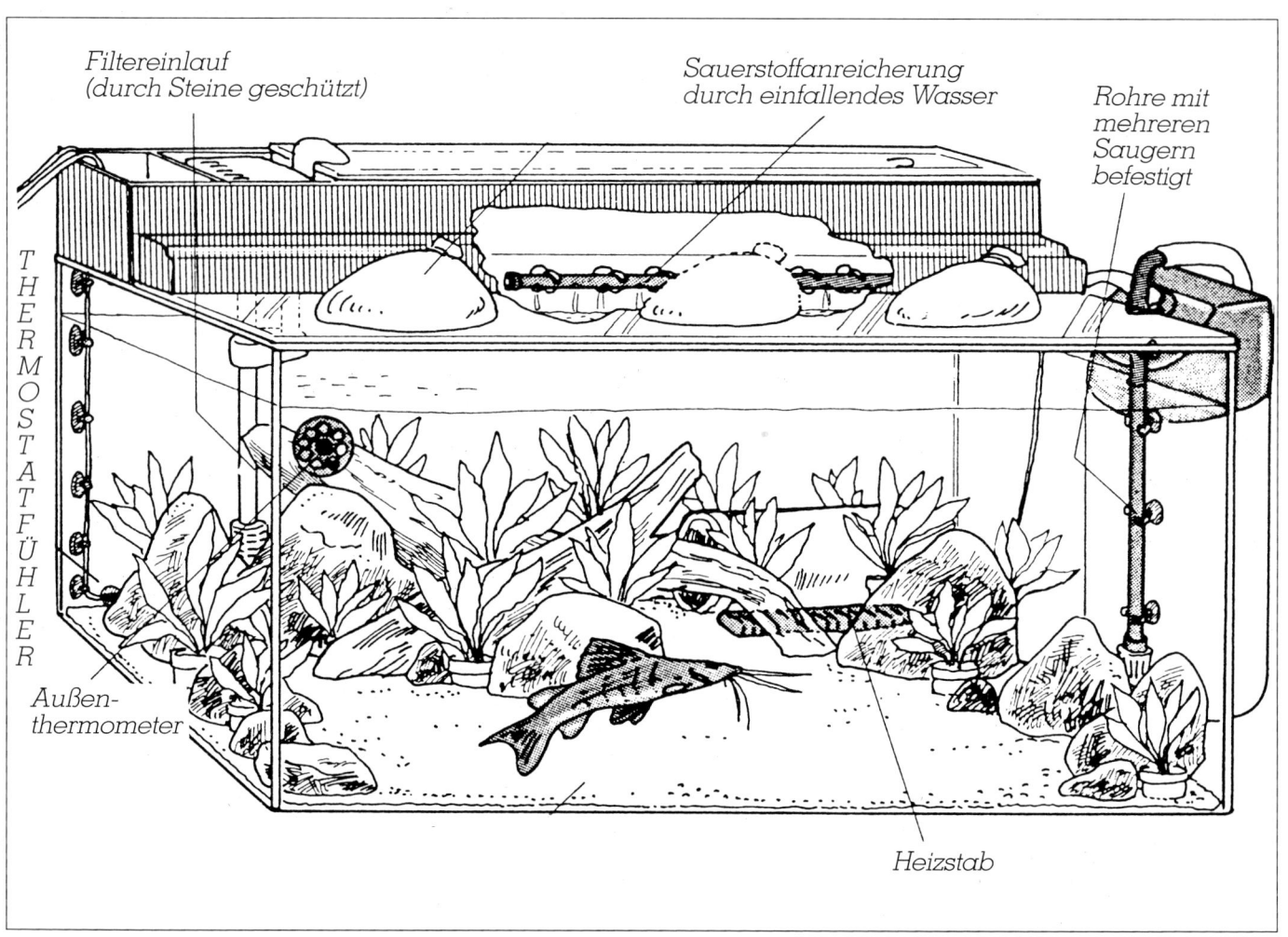

Filtereinlauf
(durch Steine geschützt)

Sauerstoffanreicherung
durch einfallendes Wasser

Rohre mit
mehreren
Saugern
befestigt

THERMOSTATFÜHLER

Außen-
thermometer

Heizstab

von Artgenossen überhaupt nicht. Der Wasserstand spielt bei der Pflege eigentlich keine besondere Rolle.

Filterung und Wasserwechsel

Ob Sie der Rieselfilterideologie anhängen, der Firma XYZ seit Jahrzehnten die Treue halten oder die Schaumgummimatratzen Ihrer Lieben zur Herstellung von Filtermaterial in Stücke schneiden, bleibt sich im Grunde gleich. Die Bauart ist also nicht ausschlaggebend. Wichtig ist vor allem, den angesammelten Schmutz rechtzeitig und regelmäßig zu entfernen, denn Dreck bleibt auch im Filter Dreck, und verschlammte Filtersubstrate können keine besonders reinigende Wirkung mehr entfalten.

Vor allem bei der Haltung größerer Arten ist allerdings von sogenannten Bodenfiltern abzuraten, die durch eine mehr oder minder durchlöcherte Platte das Wasser entweder saugen oder drücken. Größere Fische – nicht nur Welse – sind durchaus in der Lage, allein durch Körperbewegungen den Bodengrund umzuschichten, was neben der nun mangelhaften Ästhetik auch eine deutliche Beeinträchtigung der eigentlich intendierten Funktionsweise solcher Modelle zur Folge hätte.

Auch der beste Filter macht den regelmäßigen Wasserwechsel nicht überflüssig, er gestaltet lediglich die dazwischen liegenden Zeiträume für die Insassen erträglicher. Umfang und Häufigkeit richten sich natürlich auch nach der Größe des Aquariums und der Besatzdichte, doch kann als Faustregel gelten: Ein Drittel bis die Hälfte des Aquarienwassers ist wöchentlich gegen frisches auszutauschen! Verwendet man dazu einen ausreichend langen Schlauch, der bis zum nächsten tieferliegenden Abfluß reicht und mit einem Standardgewinde (Halbzoll) an einer Mischbatterie angeschlossen werden kann, spart man sich viel Planscherei und Eimerschleppen. Beim Einfüllen des Frischwassers muß darauf geachtet werden, daß es kein Chlor mehr enthält. Das erreicht man, indem man es durch einen Perlator oder Duschkopf laufen läßt oder es sonstwie stark belüftet. Ein zuverlässiges Wasseraufbereitungsmittel erfüllt denselben Zweck, kostet aber Geld.

Heizung und Wassertemperatur

Auch zur Erwärmung des Wassers sind zahlreiche bewährte Fabrikate unterschiedlicher Funktionsweise im Handel. Der im Bodengrund verborgene Kabelheizer kommt aus den schon im Abschnitt „Filterung und Wasserwechsel" genannten Gründen nur für kleinere und nicht zu sehr gründelnde Welse in Betracht, und die eigentlich elegante Lösung der Heizmatte unter dem Aquarium hat sich wohl aus Kosten- und Wirtschaftlichkeitsgründen nicht so recht durchsetzen können. Bliebe der gute alte Stabheizer, der allerdings nach jahrelangem treuen Dienst zur Gehorsamsverweigerung neigt: Der Bimetallregler schaltet nicht mehr rechtzeitig ab, und das Wasser wird immer weiter aufgeheizt, was viel schlimmer als eine vorübergehende Unterkühlung ist. Dem kann man entweder durch Vorschalten eines zweiten Reglers entgegenwirken oder durch das Aufteilen der Wattzahl auf zwei Geräte, denn ein Heizer mit der halben Leistung wird nicht in der Lage sein, derart fatal hohe

Wassertemperaturen zu erzeugen. Eine Heizleistung von einem halben Watt pro Liter Aquarieninhalt wird in den meisten Fällen völlig ausreichen. Ein anderer Nachteil erweist sich vor allem in kahlen Händlerbekken oft als verhängnisvolle Falle für verstecklebende Arten, und das sind sehr viele: Die einzige Deckung, die die Tiere finden können, ist der enge Raum hinter dem Stabheizer, den sie mit Rücken oder Bauch berühren und sich dadurch leicht tödliche Verbrennungen zuziehen. Sind allerdings genügend Unterschlupfmöglichkeiten vorhanden, tritt diese Gefahr nicht auf. Um sie ganz auszuschalten, kann man den Heizer auch in einen entsprechenden Filter verbannen. Es gibt sogar spezielle Geräte, die in den Kreislauf eines Außenfilters eingeschaltet werden können.

Um den Tieren den ihnen genehmen Temperaturbereich bieten zu können, informiere man sich vorher tunlichst über das Herkunftsgebiet der jeweiligen Arten. So ist eine *Chaetostoma*-Art aus schnellfließenden Gewässern höherer Regionen kühler zu halten als etwa ein *Hoplosternum* aus aufgeheizten Gewässern der Niederungen. Sollte jedoch keine Klarheit über die Bedürfnisse der Welse zu erlangen sein, sind 24 °C solange ein gangbarer Mittelweg, bis man es besser weiß.

Licht und Beleuchtung

Ausgesprochene Welsaquarien werden kaum zugleich ausgesprochene Pflanzenaquarien sein. Zudem sind viele Arten dämmerungs- respektive nachtaktiv, so daß auch hier die Frage der Beleuchtung nicht jenes Ausmaß erreicht, das man ihr bei holländi-

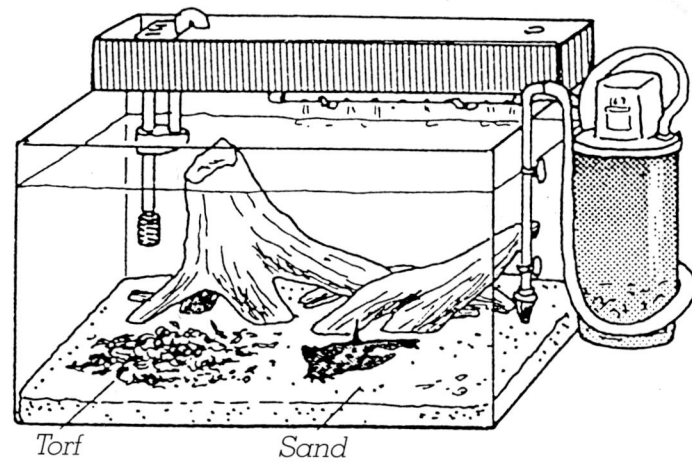

Bratpfannenwelse

Torf   Sand

schen Pflanzenbecken zumißt. Im Gegenteil: Will man von seinen Aquarienbewohnern auch während der eigenen Wachperiode – einen üblichen Tagesablauf vorausgesetzt – etwas sehen, ist es angebracht, für eine eher schummrige Atmosphäre zu sorgen, indem man entweder im vorhinein eine schwache Beleuchtung installiert, oder man sorgt durch eine Schwimmpflanzendecke für ein den Welsen genehmes Halbdunkel.

Bodengrund

Sehr viele Welsarten leben bodenorientiert: Sie ruhen lange Zeit auf ihm, sie suchen darin nach Nahrung, sie graben Höhlen oder Gruben für sich oder ihren Nachwuchs, oder sie graben sich selbst darin ein. Daher ist grober oder scharfkantiger Kies nicht geeignet. Besser sind grober Sand oder feiner Kies, die zudem den Vorteil haben, daß anfallender Mulm oder Schmutz nicht in sie einsinkt und so leicht abgesaugt werden kann. Zu feiner Sand läßt keine Wasserzirkulation im Boden zu, es kommt schnell zu unerwünschten Fäulnisbildungen.

Einrichtung und Bepflanzung

Fast alle Welse brauchen Verstecke oder zumindest Deckung in Gestalt von Höhlen oder Unterständen. *Corydoras*-Arten und ähnlichen reicht hier oft schon ein bodennahes großes Pflanzenblatt, unter dem sich der ganze Trupp geborgen fühlt. Einzelgängerisch lebenden Arten muß man neben genügend großem Individualabstand pro Tier eine geeignete Rückzugsmöglichkeit zur Verfügung stellen. Wurzelholz, geschichtete Steinplatten oder Korkrinde lassen sich hier-

für gut einsetzen. Leider sieht man oft ganze oder halbierte Tonröhren oder Blumentöpfe unterschiedlichster Formate, die der wohlmeinende Aquarianer seinen Schutzbefohlenen als Dach über dem Kopf anbietet. Aber wie viele versunkene Ziegeleien mögen wohl im Amazonasbett liegen? Es gibt doch wahrhaft genügend halbwegs natürlich aussehende Materialien, die sich eignen.

Hat man nach Plazierung der grundsätzlichen Architektur hier und da noch ein Plätzchen frei und möchte beruhigendes Grün durchaus nicht missen, kann man sich auch noch als Gärtner versuchen. Javafarn (*Microsorium pteropus*) und *Anubias*-Arten wachsen auch bei schwachem Licht noch zufriedenstellend und sind obendrein durch ihre derben Blätter noch weitgehend vor dem Gefressenwerden sicher. Schwimmpflanzen, die naturgemäß den Vorzug haben, nicht ausgebuddelt werden zu können, brauchen zu ihrem Fortkommen allerdings

Schwielenwelse

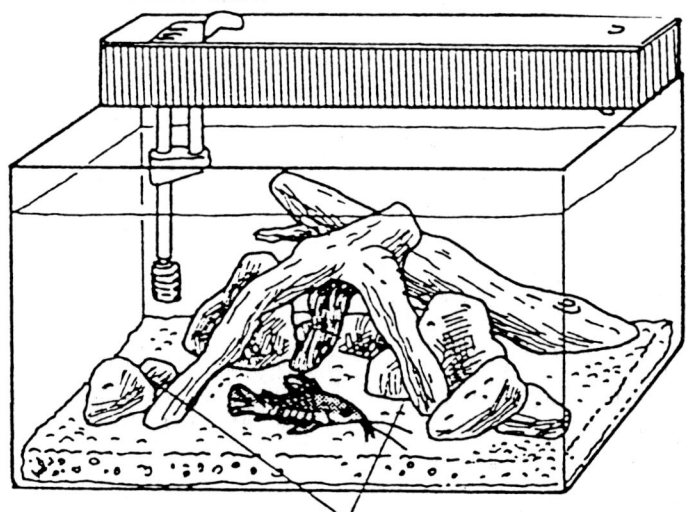

Verstecke aus Wurzeln und Steinen

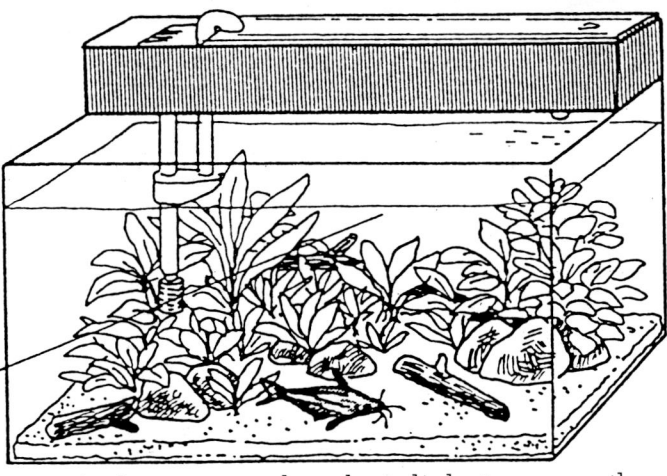

*Viel Schwimmraum
bieten!*

Indische
Glaswelse

*Immer im kleinen
Schwarm halten!*

Auslauf des Bodenfilters

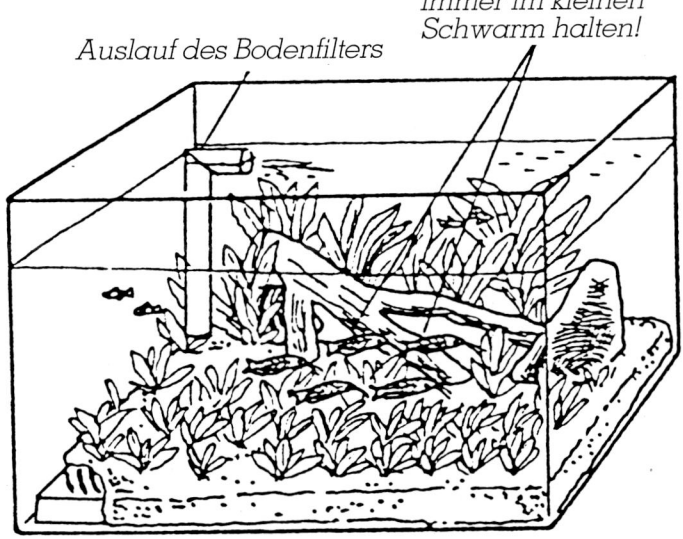

zumindest die übliche Aquarienbeleuchtungsstärke, die zur Welshaltung allein meist nicht erforderlich wäre.

Diejenigen Arten, die man in herkömmlichen Gesellschaftsaquarien mitpflegen kann, unterliegen natürlich dem jeweiligen Bepflanzungsreglement und nehmen das auch gelassen hin.

Kauf, Fang und Transport

Der Kauf von Tieren ist zwar auch in erheblichem Maße Vertrauenssache, doch kann man sich zu einem Gutteil auf das eigene Urteil verlassen, beherzigt man folgende Empfehlungen:

– Kaufen Sie keine frisch importierten Tiere, die gerade erst ausgepackt worden sind! Ein bis zwei Wochen sollten die Welse schon in der Anlage des Händlers beziehungsweise Importeurs verbracht haben.

– Achten Sie auf eine einwandfreie Körperoberfläche der Tiere! Wunden und Krat-

zer sind zwar wahrscheinlich transportbedingt und verheilen schnell wieder, können aber auch bereits infiziert sein. Eine trübe Körperoberfläche oder Schleimhautablösungen deuten ebenfalls auf Krankheiten hin.

– Die Augen müssen klar sein! Trübungen können zwar ebenfalls auf Transportschäden zurückzuführen sein, ebensogut aber Symptom einer Krankheit sein.

– Achten Sie darauf, daß die Barteln vollzählig, vollständig und ungeschädigt sind!

– Die Flossen sollten unbeschädigt sein, transparente Teile auch wirklich klar wirken. Fische, die ihre Flossen dauernd angelegt halten oder unausgesetzt mit ihnen zucken, sollten Sie auch nicht kaufen.

– Bei Welsen besonders wichtig: Schauen Sie sich die Bauchseite der Fische an! Wirkt der Bauch eingefallen, haben die Tiere eine lange Hungerperiode hinter sich; der Verdauungsapparat ist dann möglicherweise nicht mehr in der Lage, aufgenommene Nahrung zu verwerten. Sie verhungern, obwohl sie fressen. Wegen der oft umfassenden Panzerung können Welse – von oben oder der Seite betrachtet – dann immer noch einen wohlgenährten Eindruck machen.

– Beobachten Sie das Verhalten der Tiere eine Weile! Ansonsten nachtaktive Welse, die apathisch im vollen Licht liegen, sind ebenso suspekt wie lebhafte tagaktive Arten, die sich innerhalb von zehn Minuten nicht ein einziges Mal bewegt haben.

– Achten Sie auf eine gleichmäßige Atmung bei den Fischen! Eine beschleunig-

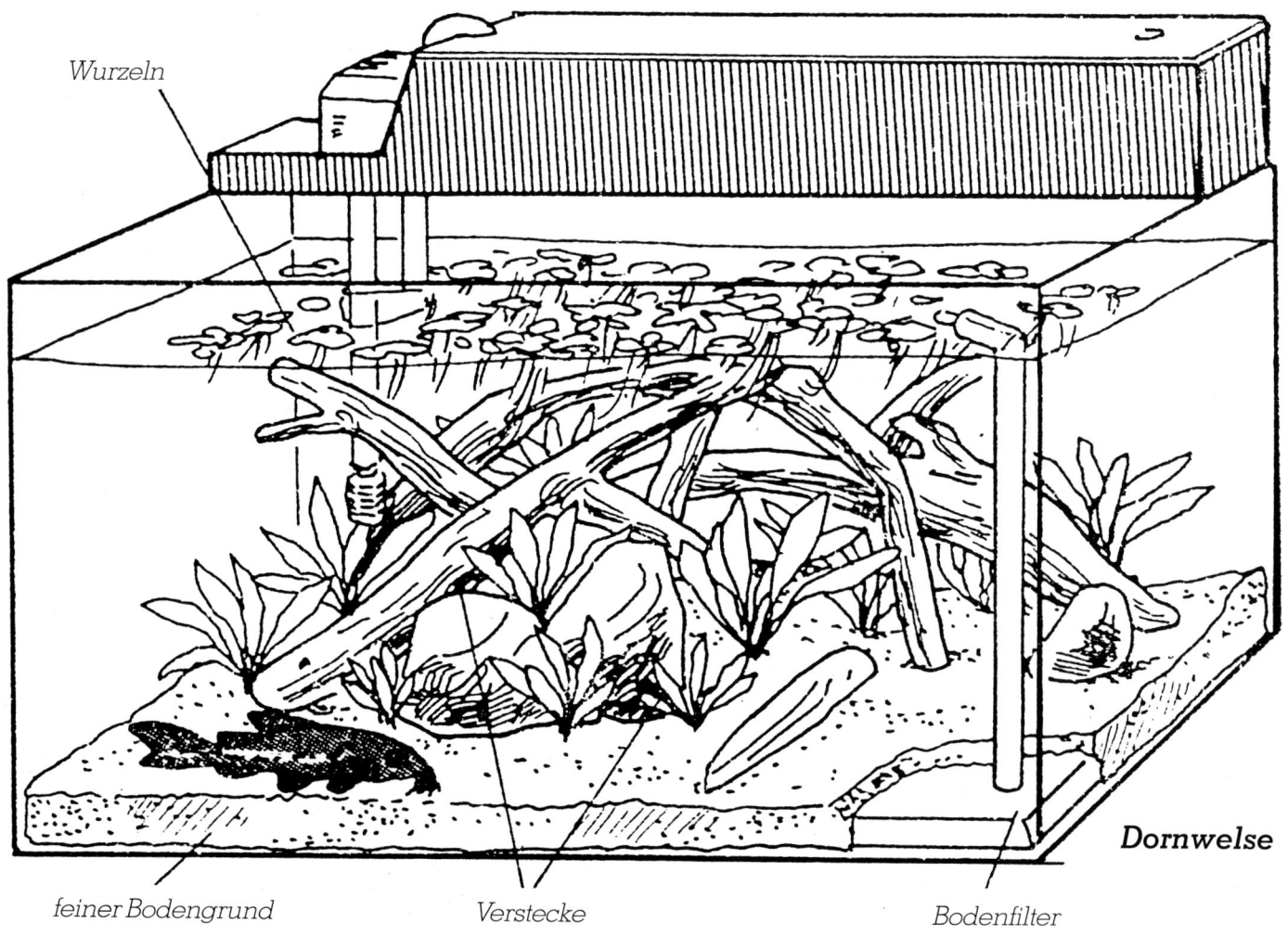

Wurzeln

feiner Bodengrund　　　*Verstecke*　　　*Bodenfilter*

Dornwelse

te Atmung – erkennbar an den schnellen Bewegungen der Kiemendeckel – muß nicht nur auf schlechte Wasserbedingungen zurückzuführen sein. Streß oder Parasiten kommen als Ursache ebenso in Betracht.

Sollen Welse aus dem Aquarium herausgefangen werden, ist Umsicht angeraten: Viele verhaken sich in den üblichen Netzen und versucht der hilfsbereite Aquarianer, das verhedderte Exemplar mit seinen Fingern zu befreien, stößt er (der Aquarianer) laute Schmerzenslaute aus, weil er empfindlich gestochen worden ist. Einige Welse sind obendrein noch giftig. Bei kleinen stacheligen Welsen mag man es immerhin mit Netzen aus besonders feinmaschigem Gewebe versuchen. Größere lassen sich mit Plastikgefäßen, Küchensieben und dergleichen einfangen und in den Transportbehälter bugsieren, der dann tunlichst keine Plastik-

tüte sein sollte, sie wäre schnell durchsiebt. Ein glattwandiger Eimer oder ähnliches ist besser geeignet.

Zu Hause sollten neuerworbene Tiere unbedingt eine drei- oder vierwöchige Quarantäne durchlaufen, bis man sicher ist, keine Krankheiten oder Parasiten eingeschleppt zu haben. Zudem läßt sich im Quarantänebecken eine eventuelle Behandlung gezielter durchführen und belastet unbetroffene Fische und Pflanzen im eingerichteten Aquarium nicht.

Krankheiten und Medikamente

Glücklicherweise sind Welse nicht besonders krankheitsanfällig. Trotzdem kann es vorkommen, daß sie erkranken oder von Parasiten befallen werden. Dann sollte eine ge-

140

naue Diagnose erfolgen, wobei man sich ruhig trauen sollte, Erfahrene um Rat zu fragen, denn oft sind umfangreiche Literaturkenntnisse und der geübte Umgang mit einem Mikroskop Mitvoraussetzung für ein einwandfreies Erkennen der jeweiligen Ursache. Ist die Diagnose jedoch unzweifelhaft, kann man den bewährten Behandlungsmethoden folgen. Dazu muß man sich nach den Anweisungen der Spezialliteratur (vergleiche Literaturverzeichnis!) richten und die dort angegebenen Dosierungen unbedingt einhalten!

Zwei Warnungen müssen hier noch angefügt werden:

1. Auf keinen Fall dürfen Welse mit metrifonathaltigen Präparaten (Masoten, Neguvon, Trichlorphon) behandelt werden! Diese Mittel wirken auf Welse tödlich!
2. Welse reagieren auch sehr empfindlich auf Metallverbindungen im Wasser. Viele Medikamente und auch Algenbekämpfungsmittel enthalten Kupfer. Malachitgrünoxalat – ein oft eingesetztes Mittel gegen *Ichthyophthirius* – weist unter Umständen herstellungsbedingte Zinkspuren auf, die ausreichen können, um den Fischen tödliche Vergiftungen zuzufügen.

Vergesellschaftung

Für die Vergesellschaftung von Welsen gelten zunächst einmal die für alle Aquarienfische gültigen Regeln: Die verschiedenen Arten müssen so ausgewählt sein, daß ihre Bedürfnisse alle erfüllt werden können und sie sich nicht gegenseitig beeinträchtigen. Trägt man den zusätzlichen Anforderungen der Welse an Versteckmöglichkeiten und Bodengrund Rechnung, kann man ihnen ohne weiteres passende andere Fische beigesellen. Selbstverständlich ist bei räuberischen Welsen die Größe der Mitbewohner wichtig und territoriale Arten darf man nicht in zu vielen Exemplaren halten. Doch lassen sich für alle Aquariengemeinschaften geeignete Welse finden; die Palette ist wirklich erstaunlich groß.

Futter und Fütterung

Die Zeiten, in denen Corydoras paleatus als Müllschlucker und Ancistrus-Arten lediglich als Algenputzer dem Aquarianer nützliche Dienste leisteten, sind glücklicherweise vorbei. In dem Maße, in dem sich die Welse als Aquarienfische „emanzipiert" haben, wird auch zunehmend mehr Aufmerksamkeit auf ihre richtige Haltung gelegt, und das begreift ihre sachgerechte Ernährung selbstredend mit ein.

Die Spannweite des Nahrungserwerbs reicht bei den Welsen vom Fischfresser bis zum Vegetarier. Hochspezialisierte Arten, die in den Kiemenhöhlen größerer Fische schmarotzen, andere, die hauptsächlich von Mollusken leben, gibt es ebenso wie nimmersatte Allesfresser, die alles in sich hineinstopfen, was nur irgendwie ins Maul paßt.

Darauf muß man natürlich bei der Futterauswahl Rücksicht nehmen, doch sind selbst ausgesprochen spezialisierte Arten meist mit hierzulande gängigen Futtermitteln zufriedenzustellen. Kunstfutter – Flocken, Tabletten, Granulat und so weiter – kommen ebenso in Betracht wie Frostfuttersorten. Lebendfutter ist natürlich eine feine Sache, aber zwei Dinge gilt es dabei zu bedenken:

Zum einen ist es schon ein juristisches Problem, aus einem Gewässer irgendwelche Kleinlebewesen zu entnehmen, zum anderen sind gerade Tubificiden und Chironomiden (= Rote Mückenlarven), die sich aufgrund ihrer bodenorientierten Lebensweise besonders als Welsfutter eignen würden, Indikatoren für eine hohe Belastung ihrer Wohngewässer und kommen deswegen nicht in Frage.

Bei dämmerungs- und nachtaktiven Welsen ist die Fütterungszeit genauso wichtig wie die Auswahl. Nach einiger Eingewöhnung erscheinen auch diese Tiere, wenn tagsüber die anderen Aquarienbewohner ihr Futter erhalten; das ist übrigens manchmal die einzige Möglichkeit, besonders lichtscheue Gesellen überhaupt zu Gesicht zu bekommen. Oftmals sind sie dann aber zu spät dran, um noch einen nennenswerten Anteil ergattern zu können, oder die ihnen bei Licht überlegenen übrigen Fische lassen ihnen nichts mehr übrig. Deshalb empfiehlt es sich in einigen Fällen, diesen Welsen nach Erlöschen der Aquarienbeleuchtung nochmals Futter anzubieten, sollen auch sie zu ihrem Recht kommen.

Die Haltung größerer Arten

Besorgt man sich jüngere Exemplare groß werdender Welse, muß natürlich nicht sofort ein Riesenaquarium vorhanden sein. Manche Arten sind jedoch derart schnellwüchsig, daß sich schon ein halbes Jahr später das Problem der Unterbringung erneut stellt. Und dafür sollte man eben vorgesorgt haben, entweder indem man die Tiere in gute Hände wieder abgibt, oder man übersiedelt sie in einen entsprechend großen Behälter, und das meint hier Beckenlängen von mindestens 200 Zentimetern, besser mehr. Als Filter kommen nur Außen- oder felsenfest installierte Innenfilter in Betracht, wie die gesamte Technik innerhalb des Aquariums fest verankert und unzerbrechlich sein sollte. Dazu kann man Filtereinläufe und Pumpenansaugöffnungen mit großen Steinen schützen und die jeweiligen Rohrleitungen mit mehreren Saugern gleichzeitig sichern. Großvolumige Außenfilter, in denen man die Heizung sicher unterbringen kann, sind empfehlenswert. Da große Tiere naturgemäß auch eine große Menge Exkremente produzieren, ist ein regelmäßiger großzügiger Wasserwechsel in wöchentlichem Abstand besonders wichtig.

Als Bodengrund sollte grober Sand verwendet werden, in den anfallender Schmutz nicht einsinken kann, sonst ist von oben betrachtet alles wunderschön sauber, während es im Untergrund bereits „gärt".

Bei der Planung der Einrichtung muß für jeden Fisch ein Unterstand oder eine Höhle vorgesehen werden, von der ihr zukünftiger Bewohner sein Revier beherrschen kann. Sollen mehrere Tiere zugleich gepflegt werden, ist es für den Frieden im Aquarium sehr förderlich, wenn die jeweiligen Territorien durch deutliche Markierungspunkte, eventuell bis zum Sichtblendenformat, getrennt werden.

Mit Pflanzen wird man in solchen Aquarien nicht viel Glück haben, da die Tiere sie entweder ausbuddeln oder durch ihre Bewegungen entwurzeln beziehungsweise umknicken. Lediglich Schwimmpflanzen können zur Erzielung eines angenehmen Halbdunkel von Nutzen sein.

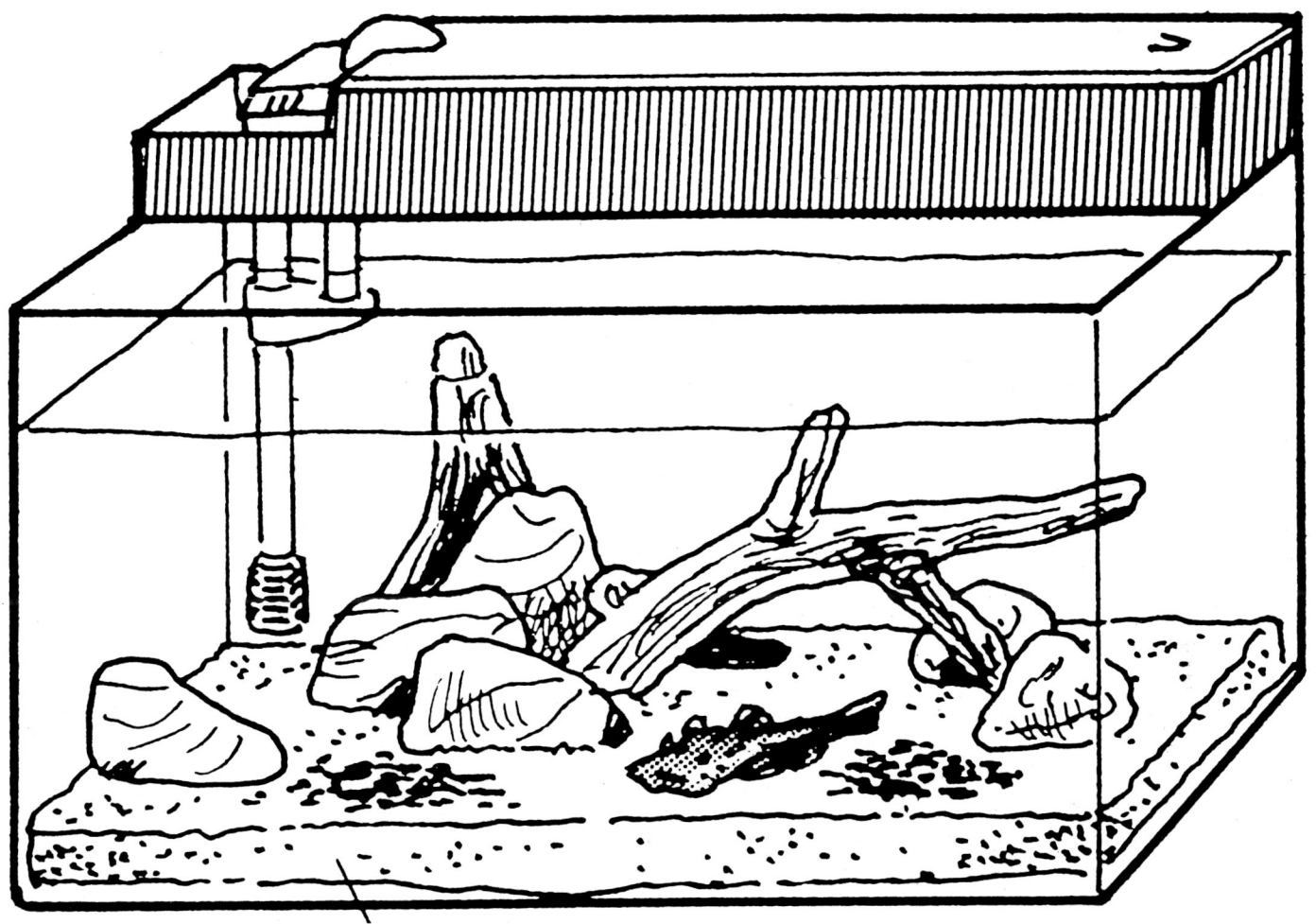

hoher Bodengrund

Die meisten Arten lassen sich mit gebräuchlichem Futter ernähren. Daß nur lebende Fische genommen werden, scheint selten zu sein. Welse solchen Kalibers in Gefangenschaft zur Vermehrung zu bringen, ist wohl ein Ding der Unmöglichkeit, kann man ihnen nicht Behältermaße zur Verfügung stellen, die der Riesigkeit der Tiere angemessen sind.

Kleine und mittelgroße Welse
Großmaulwelse (Chacidae)

Welse aus der Familie Chacidae aus Südostasien ruhen tagsüber meist bewegungslos auf dem Grund des Aquariums und sehen dann mit ihrem braunfleckigen warzigen Körper einem Blatt oder Stein ähnlich. Nachts werden sie aber munter und durchstreifen das Aquarium auf der Suche nach Freßbarem, vornehmlich Würmer, Insektenlarven, Garnelen und kleine Fische. Verschiedenen Berichten zufolge können Chacidae regelrecht angeln: Sie liegen ruhig auf dem Boden, bewegen aber ihre Barteln wie kleine Würmer. Interessenten, die sich dem Köder weit genug genähert haben, werden durch das Aufreißen des riesigen Maules eingesogen und verschluckt. Gegenüber Mitbewohnern, die als Beute nicht in Betracht kommen, sind sie ausgesprochen friedlich, auch sollten sie nicht mit allzu lebhaften oder aggressiven Fischen vergesellschaftet werden.

Großmaulwelse stammen aus schwach sauren Gewässern, nehmen jedoch auch mit anderen Werten vorlieb, die Temperatur kann zwischen 22° und 28°C liegen. Eine stärkere Strömung sagt ihnen nicht zu, auch plötzliche Änderungen der Wasserwerte bereiten ihnen Unbehagen.

143

Detaillierte Zuchtberichte liegen noch nicht vor, doch heißt es, daß die Eier auf Steinen abgelegt werden und von den darüberliegenden Tieren (den Männchen?) bis zum Schlüpfen bewacht werden.

Schaumnestbauende Schwielenwelse (Callichthyinae)

Die Arten der Gattungen *Callichthys*, *Hoplosternum* und *Dianema* gehören zu den anspruchslosesten Aquarienbewohnern. Durch ihre akzessorische Darmatmung sind sie in der Lage, auch schlechtere Wasserbedingungen zu überstehen.

Auch sind sie in Futterfragen überhaupt nicht wählerisch, nur viel soll es sein. Ausgesprochen nachtaktiv sind sie nicht, im Gegenteil, man kann sie tagsüber im freien Wasser oder über dem Boden beobachten, wie sie auf Futtersuche alles erreichbare mit ihren langen Barteln abtasten.

Die Geschlechter sind bei *Callichthys* und *Hoplosternum* leicht zu unterscheiden: Der erste Brustflossenstrahl ist bei den Männchen deutlich verdickt, bei *Hoplosternum* zudem braunrot gefärbt. Bei *Dianema*, der kleinsten Gattung, kann man die Weibchen am volleren Bauch erkennen.

Die Männchen aller dieser Arten beginnen mit Eintritt der Regenzeit Schaumnester für das Gelege zu bauen, am liebsten unter einem großen Schwimmpflanzenblatt an der Wasseroberfläche. Das Männchen bewacht dann Nest und Gelege bis zum Schlupf der Jungen. Im Aquarium lassen sich die Tiere zur Fortpflanzung anregen, indem man nach längerer Zeit ohne Wasserwechsel plötzlich weicheres Wasser von oben mittels Gießkanne oder Brause in das Becken laufen läßt. Das ist dann der Regen, den sie auch in ihrer Heimat als Auslöser für ihre Geschlechtsaktivitäten benötigen.

Falsche Dornwelse (Auchenipteridae)

Auchenipteridae verstecken sich tagsüber meist in Höhlen, doch beginnen sie nach Einbruch der Dunkelheit, im Aquarium also nach Erlöschen der Beleuchtung, sehr geschäftig überall nach Freßbarem zu suchen. Dabei graben sie schon einmal eine Pflanze aus, schichten den Boden ein wenig um und fressen hin und wieder auch kleinere Fische. Für das herkömmliche Gesellschaftsaquarium sind sie also nicht so sehr geeignet.

Bei *Parauchenipterus fisheri* lassen sich die Geschlechter leicht unterscheiden, denn der erste verdickte Strahl der Rückenflosse ist bei geschlechtsaktiven Männchen verlängert und zudem S-förmig gebogen, außerdem sind die ersten Strahlen der Afterflosse zu einem Begattungsorgan umgebildet. Bei der Paarung – förderlich ist leicht saures, wärmeres Wasser – umklammert das Männchen mit dem Rückenflossenstachel und den Oberkieferbarteln das Weibchen. Das Sperma wird durch das Begattungsorgan in die Geschlechtsöffnung des Weibchens übertragen, das nach etwa vier Wochen erst die Eier ablegt, die nicht weiter betreut werden.

Antennenwelse (Pimelodidae)

Hier sind jetzt nicht die Riesen gemeint, die in den letzten Jahren Furore gemacht haben, sondern die kleineren Mitglieder der Familie, etwa aus der Gattung *Pimelodus*, die mit ihren langen Barteln und dem schlanken Körper eine elegante Figur angeben. Sie sind zudem meist friedlich und lassen sich gut mit größeren Salmlern und Chichliden vergesellschaften. Obendrein sind sie hart im Nehmen und fressen jedes gängige Futter, wobei sie manchmal räuberische Ambitionen entwickeln. Regelmäßiger Wasserwechsel ist aber auch für ihr Wohlbefinden Voraussetzung. Manche Arten schwimmen allerdings ständig umher und bieten ein fast ruheloses Bild.

Vorsicht! Nicht mit bloßen Händen fangen! Die Stacheln der Rücken- und Brustflossen können empfindlich stechen.

Indische Glaswelse (Kryptopterus)

Obwohl sie zur Familie Echte Welse (*Siluridae*), wie auch der Europäische Wels (*Silurus glanis*), gehören, haben sie erstaunlich wenig „Welstypisches" an sich. Die fragil erscheinenden Fische sind ausgesprochen tagaktiv und stehen gerne im Schwarm im bewegten freien Wasser. Zudem werden sie nur etwa zehn bis zwölf Zentimeter lang, sind ausgesprochen friedlich und recht anspruchslos. Allerdings nehmen sie Futter, das bereits zu Boden gefallen ist, nicht mehr an, was sich für einen Wels ja eigentlich nicht gehört. Sie sind ideale Fische für gut bepflanzte, hell beleuchtete Gesellschaftsaquarien.

Stachelwelse (Bagridae)

Obwohl aus dieser Familie Afrikas und Asiens auch sehr groß werdende Arten bekannt sind, eignen sich doch Vertreter etwa der Gattungen *Mystus*, *Chiloglanis* und *Parauchenoglanis* aufgrund ihrer kleinerer Maße recht gut für die Aquarienhaltung. Sie sind im allgemeinen gegenüber anderen Fischen friedlich und auch in ihren Ansprüchen nicht wählerisch. Größer werdende Arten können kleine Mitbewohner natürlich durchaus als Zubrot ansehen. Leider werden diese aquaristisch kaum bekannten Arten nur selten im Handel angeboten.

Vorsicht! Einige Arten können nicht nur schmerzhaft stechen, sondern sind obendrein noch giftig.

Glaswelse (Schilbeidae)

Die aus Afrika stammenden Arten unterscheiden sich von denen aus Südostasien durch geringere Transparenz und höhere Aggressivität. Trotzdem sind auch sie eher friedlich und stehen gern in Gruppen in den Pflanzenbeständen. Wichtig für sie sind sauberes schwach saures Wasser ohne größere Schwankungen in den Werten und beschattete Zonen im geräumigen Aquarium. Empfindlich reagieren sie auf Verletzungen und darauffolgende Infektionen. Hier ist also besondere Vorsicht geboten.

Panzerwelse (Corydoradinae)

Diese Unterfamilie der Callichthyidae ist über das tropische und subtropische Südamerika verbreitet. Sie bilden Schulen oder Schwärme, die sich nicht nur aus Tieren derselben Art zusammensetzen müssen, sondern denen auch andere, äußerlich aber ähnliche Welse angehören können. Sie besiedeln von den kühleren Bächen des Hochlandes bis zu den langsam fließenden Strömen und den warmen, stehenden Gewässern der Niederungen ganz unterschiedliche Biotope. Man muß also bei der Aquarienhaltung ein wenig auf die Herkunftsgebiete der jeweiligen Arten achten, obwohl sie im allgemeinen nicht gerade empfindlich sind. Corydoradinae sind die personifizierte Friedlichkeit. Man kann sie miteinander vergesellschaften und auch zusammen mit anderen Fischen wie Salmlern oder friedlicheren Cichliden halten. Immer aber muß man eine Gruppe aus mindestens fünf, sechs Tieren pflegen, denn sie sind ausgesprochen gesellig, ruhen und schwimmen gerne gemeinsam. Ein allein gehaltener *Corydoras* ist ein trauriger Anblick.

Ein Aquarium für diese Welse muß nicht besonders groß sein, Arten wie *Corydoras hastatus*, *C. pygmaeus* und ähnliche sind mit 40- oder 50-Liter-Aquarien schon zufrieden. Für *Brochis*-Arten oder *C. barbatus* zum Beispiel sollten es dann aber schon mindestens 100-Liter-Becken sein, nach oben sind natürlich keine Grenzen gesetzt, auch bei kleinen Arten nicht. So kann man sich ein großes, vielleicht 500 Liter fassendes dicht bepflanztes Aquarium, besetzt mit 25 *Corydoras hastatus*, ebensovielen *Nannostomus marginatus* und zwei Paaren einer *Laetacara*-Art als überaus attraktive und spannende Angelegenheit vorstellen.

Der Wasserstand kann für solche Welse eher niedrig sein, da sie auch in ihrer Heimat Flachwasserbereiche besiedeln. Wichtig ist

aber, daß kein scharfkantiger Bodengrund verwendet wird, an dem sich die Tiere die Barteln verletzen oder gar abschneiden können. Lavabruch oder Basaltsplit kommen also auf keinen Fall in Frage. Unabdingbar ist auch hier der regelmäßige, am besten wöchentliche Austausch von einem Drittel bis zur Hälfte des Aquarienwassers gegen frisches, chlorfreies Wasser. Zwar stammen Corydoradinae häufig aus weichen, leicht sauren Gewässern, doch spielen diese Werte bei der Haltung keine Rolle, solange sie nicht in Extrembereichen liegen.

In den letzten Jahren hat sich erwiesen, daß sich sämtliche *Corydoras*-Arten auch im Aquarium durchaus willig fortpflanzen, nimmt man auf ihre Bedürfnisse die gebührende Rücksicht. Mit ein wenig Fingerspitzengefühl ist das gar nicht so schwer, zumal sich inzwischen Maßnahmen herauskristallisiert haben, die als auslösende Faktoren zur Einleitung der Fortpflanzungsaktivitäten vom Aquarianer willkürlich eingesetzt werden können.

Allerdings muß man, zumindest bei Wildfängen und deren Nachkommen, bei denen sich die Abläufe noch am Jahresrhythmus ihrer Heimat orientieren, auf die Laichzeiten der einzelnen Arten Rücksicht nehmen. Bei den meisten ist das das Winterhalbjahr, bei *Corydoras imitator* und *C. sterbai*, Zuchtberichten zufolge, hingegen die Zeit von Mai bis Oktober oder November.

Als erstes ist hier der plötzliche Austausch eines Großteils des Aquarienwassers gegen frisches, weiches Wasser zu nennen. Offensichtlich wird damit der Beginn der regenreichen Periode ihrer Heimat simuliert, der der gegebene Zeitpunkt zur Vermehrung ist. Eine gleichzeitige Temperaturabsenkung scheint aber nur bei Arten zu wirken, die aus klimatisch differenzierteren Gebieten stammen, also etwa bei *C. paleatus* aus Argentinien, wo ein gegenüber den tropischen Regionen Amazoniens deutlicheres Jahreszeitengefälle herrscht.

Förderlich auf den Laichansatz wirkt sich Wurmfutter aus, wobei die bereits oben indizierten Tubificiden mit Grindal und Enchyträen umgangen werden können. Sauberes, das heißt nitrat- und vor allem nitritarmes Wasser ist schon hier wie auch später bei der Aufzucht der Jungen Voraussetzung, Leitfähigkeit und pH-Wert spielen meist die geringere Rolle, obwohl Mittelwerte nicht zu weit verlassen werden sollten.

Hält man *Corydoras* für sich alleine, kann man ohne weiteres auch in diesem Aquarium die Zuchtversuche durchführen. In einem stark besetzten Gesellschaftsbecken werden die Tiere kaum die Ruhe finden, um die nötige Ablaichbereitschaft zu entwickeln und auszuleben, und sollten sie doch einmal ablaichen, werden die Eier sehr schnell die Beute der Mitbewohner. Ein sandiger, rundkörniger Bodengrund wirkt sich auf die Aktivitäten der Panzerwelse positiv aus. Sie können ihrem Gründelbedürfnis nachgehen; außerdem bildet sich hier nicht die in „sterilen" Zucht- und Aufzuchtaquarien häufige Schleimschicht, die den bodenorientierten Welsjungen so schnell den Garaus macht. Auch sind Wasserpflanzen als Substrat zum Anheften der Eier willkommen, bei unterschiedlichen Arten haben sich Javamoos (*Vesicularia*), Wasserfreund- (*Hygrophila*) und Speerblattarten (*Anubias*) bewährt. Auch eine leichte Strömung wirkt sich positiv aus.

Das bevorstehende Ablaichen kündigt sich durch nervöses Umherschwimmen an,

die schlankeren, kleineren Männchen beginnen die laichbereiten fülligen Weibchen zu verfolgen. Diese Phase kann sich über mehrere Tage erstrecken, doch schließlich nimmt ein Paar die typische T-Stellung ein: Das Männchen steht quer vor dem Kopf des Weibchens, in den meisten Fällen hält es das Weibchen fest, indem es mit einer Brustflosse dessen Barteln einklemmt. Das Männchen gibt das Sperma ab, gleichzeitig legt das Weibchen ein oder mehrere Eier in die aus den zusammengelegten Bauchflossen gebildete Tasche. Zu welchem Zeitpunkt und auf welche Weise die Befruchtung genau stattfindet, scheint noch nicht endgültig geklärt zu sein (vergleiche „Fortpflanzungsaktivitäten). Darauf lösen sich die Tiere wieder voneinander, und das Weibchen sucht eine geeignete Stelle, die sie mit den Barteln abtastet, um die Eier dort anzuheften. Dieser Vorgang wiederholt sich mehrere Male und wird auch an den darauffolgenden Tagen fortgesetzt, bis der Laichvorrat der Weibchen erschöpft ist. Nach einer mehrtägigen oder auch ein- bis zweiwöchigen Pause folgt eine neue Laichperiode. Bei manchen Arten erstreckt sich dieser Zyklus bis über ein halbes Jahr. Beläßt man die Eier bei den Alttieren, werden sie möglicherweise gefressen, so daß man entweder die erwachsenen Corydoras wieder umsetzt oder die Eier in ein geeignetes Aufzuchtaquarium überführt, was nicht schwierig ist, da man sie aufgrund ihrer Hartschaligkeit zum Beispiel mit einer Rasierklinge von den Scheiben schaben kann oder eben die Pflanzen mit den daran haftenden Laichkörnern umsiedelt. Die Jungen schlüpfen, je nach Art und Wassertemperatur, nach vier bis acht Tagen und lassen sich mit Artemianauplien und feinstem Trockenfutter ernähren. Bei den Jungfischen der kleinsten Arten ist allerdings eine anfängliche Fütterung mit Infusorien angeraten.

Harnischwelse (Loricariidae)

Die Harnischwelse Südamerikas, und da vor allem Amazoniens, sind die Hauptträger der neuen Wels-Welle, die seit einigen Jahren in die Aquarien der USA, Japans und Europas schwappt. Das ist auch weiter nicht verwunderlich, denn sie sind die artenreichste Familie der Welse überhaupt. Auch sind durch die verstärkten Fang- und Importaktivitäten reisender Aquarianer und einiger rühriger Firmen inzwischen derart attraktive Species für die Aquaristik entdeckt worden, wie man sie sich bis dahin gar nicht vorstellen konnte. Man denke nur an den Rüsselzahnwels (*Leporacanthicus galaxias*), die rotflossigen *Pseudacanthicus* L 24 und L 25, die Gelb- beziehungseise Orangesaumwelse L 18 und L 81 und natürlich an den Zebrawels L 46.

Aber auch vorher schon behaupteten einige Vertreter der Familie Stammplätze in den Liebhaberbecken: „Hexenwelse" aus der Gattung *Loricaria,* unermüdliche *Otocinclus* und natürlich der unverwüstliche *Ancistrus* werden seit längerem gepflegt und gezüchtet.

Welche Art man sich nun aber auch zulegen möchte, man muß sich vorher über Biotope und Lebensweisen informieren. *Chaetostoma*-Arten zum Beispiel stammen aus den kühleren Hochlandregionen und können sich in Strömungen noch munter fortbewegen, die ein Mensch nicht durchwaten kann, ohne fortgerissen zu werden. Demzufolge muß man für kräftigen Durchfluß – am besten mit einer eigens dafür installierten Tauchkreiselpumpe – im Aquarium sorgen und ihnen Temperaturen zwischen 20 ° und 24 °C bieten. Auch muß man auf das Distanzbedürfnis der Tiere Rücksicht nehmen und darf nicht zu viele Exemplare zusammenpferchen, da sie sich sonst ständig jagen und die schwächeren Tiere dauernd unter Streß stehen und auch nicht mehr genügend Futter abbekommen. Auch gegenüber anderen Welsen verhalten sie sich oft aggressiv. Das gleiche gilt für die altbekannten *Ancistrus*-Arten, bei denen sich große Männchen oft regelrecht als Platzhirsche gebärden. Allerdings sind die Weibchen untereinander meistens ebenso unduldsam. Sie mögen es, je nach Herkunft, auch etwas wärmer, sind aber ausgesprochen anpassungsfähig.

Das zeigt sich auch in der Ernährung. Leidet ein *Ancistrus* Hunger, vertilgt er sogar Blaualgen, allerdings machen sich im Futter vernachlässigte Harnischwelse auch über die dekorativen Pflanzen her. Dabei sind sie recht einfach zufriedenzustellen, nehmen sie doch alle gängigen Futtermittel an. Das Schwergewicht sollte jedoch auf pflanzlicher Kost liegen. Neben Trockenfutter mit hohem pflanzlichen Anteil fressen sie gerne die verschiedensten haushaltsüblichen Gemüsesorten. Man kann ihnen Spinat, Salat, Möhren, Erbsen, Gurken, Kartoffeln, Rosenkohl und anderes Grünzeug anbieten, es wird sich schnell herausstellen, was sie am liebsten mögen. Man muß nur darauf achten, daß Rückstände von eventuell anhaftenden Spritzmitteln durch Überbrühen beziehungsweise Schälen restlos entfernt worden sind. Erhalten sie keine üppige Pflanzenkost, müssen zumindest Wurzeln im Aquarium vorhanden sein, von denen sie durch Abraspeln ihren Zellulosebedarf decken.

Überhaupt sind Wurzeln das gegebene Gestaltungsmittel für Harnischwelsaquarien, da sie auch in ihrer Heimat oft freigespülte Wurzeln oder im Wasser liegendes Astwerk bewohnen, dem sie ja auch farblich angepaßt sind. Ein *Hypostomus* oder *Pterygoplichthys,* der sich im Schatten an eine Wurzel schmiegt, ist auch im Aquarium leicht zu übersehen. Für jedes Tier ist ein Versteck vorzusehen, sonst versuchen die Welse sich hinter oder unter den Heizstäben zu verbergen, was zu tödlichen Verbrennungen führen kann.

An die Wasserwerte stellen Harnischwelse keine besonderen Ansprüche, solange Extreme vermieden werden, man wird also fast immer mit dem normalen Leitungswasser auskommen. Wichtig ist aber, daß das Wasser keine Rückstände von Pflanzenschutzmitteln und dergleichen enthält. Gegenüber einer chemischen Belastung reagieren Loricariiden ausgesprochen empfindlich.

Harnischwelse kann man sehr gut mit anderen Fischen vergesellschaften, nimmt man auf die üblichen Regeln Rücksicht. Allerdings betrachten viele ein Gelege von Cichliden, mit denen sie häufig zusammengehalten werden, als reizvollen Leckerbissen, an das sie sich regelrecht heranrobben. Gelingt es den Buntbarscheltern tagsüber meistens, den unerwünschten Gast zu vertreiben, nutzt der Wels dann die Dunkelheit, um sich über den Kaviar herzumachen. Bleibt nachts eine schwache Beleuchtung brennen, können sich die Cichliden auch dann gegen den Wels zu Wehr setzen. Nach solchen Abenteuern gleichen die Harnischwelse dann wirklich abgeschlagenen

Raubrittern mit zerfetzten Fahnen, sprich: Flossen. Doch wachsen Risse in den Flossenhäuten in aller Regel rasch wieder zusammen. Überhaupt sind Loricariiden ausdauernde Pfleglinge, wenn man nur beim Kauf die nötige Umsicht hat walten lassen. Das gilt vor allem für den Ernährungszustand, der an der Bauchseite der Tiere zu erkennen ist.

Auch die Vermehrung der Harnischwelse gelingt immer häufiger. Waren auch hier *Rineloricaria* und *Ancistrus* die Vorreiter, so sind inzwischen etliche Arten dazugekommen, selbst *Acanthicus hystrix* soll sich bereits im Aquarium fortgepflanzt haben.

Eine grobe Einteilung, die nicht unbedingt der Unterfamiliensystematik folgt, läßt sich nach der Art der Brutpflege beziehungsweise -fürsorge treffen: *Otocinclus* und Verwandte laichen etwa nach Art der Panzerwelse, allerdings wird das Ei erst befruchtet, nachdem es angeheftet worden ist. Kein Elterntier kümmert sich weiter um die Nachkommenschaft. *Chaotostoma, Farlowella, Sturisoma* und *Sturisomatichthys* heften ihr Gelege auf ein glattes offenliegendes Substrat, wo es vom Männchen bewacht wird.

Ancistrus, Rineloricaria und *Pterygoplichthys* laichen in bevorzugt röhrenförmigen Höhlen. Die Pflege und Bewachung übernimmt ebenfalls das Männchen. Bei *Loricaria, Loricariichthys* und *Ricola* trägt das Männchen den Laichballen mit dem Maul mit sich herum. In einigen Fällen müssen die Larven vom Männchen aus den Eihüllen freigekaut werden, es empfiehlt sich also, Gelege und Elterntier nicht zu trennen, wenn der Aquarianer sich nicht in der Lage sieht, selbst Geburtshilfe zu leisten.

Vielleicht ist eine Voraussetzung für aussichtsvolle Zuchtversuche – natürlich neben sonst optimalen Haltungsbedingungen – die Pflege einer größeren Gruppe einer Art, um so den Tieren eine Partnerwahl zu ermöglichen, denn in ihrer Heimat leben die Tiere oft in Trupps oder Kolonien, zumindest aber doch in relativer Nachbarschaft zu ihren Artgenossen. Auch sollten die Tiere ihre Ruhe haben und nicht ununterbrochen durch zu lebhafte oder aggressive Mitbewohner gestört werden. Rücksichtnahme auf die natürlichen Laichzeiten, die mit entsprechenden Änderungen der Wasserbedingungen (Wasserwechsel, Temperaturschwankungen) simuliert werden können, mag ebenfalls nicht unwichtig sein. Sicherlich werden einige Arten demnächst zur Nachzucht gebracht werden, wobei sich bestimmt die eine oder andere Überraschung ergeben wird.

Dornwelse (Doradidae)

Friedlich aber heimlich – so läßt sich kurz das Verhalten der Dornwelse umschreiben. Sie bewohnen in ihrer Heimat Südamerika stehende Gewässer und ruhige Zonen von Flüssen und Bächen, wo sie sich tagsüber versteckt halten. In der Dunkelheit werden sie munter und gehen auf Nahrungssuche. Im Aquarium kann ihr Appetit ausgenutzt werden, um sie wenigstens im Dämmerlicht beobachten zu können. Ansonsten kann es vorkommen, daß sie regelrecht in Vergessenheit geraten und erst bei Arbeiten im Aquarium wiederentdeckt werden. Dann wundert man sich noch obendrein, daß die Tiere so gewachsen sind.

Dornwelse sind anspruchslose Pfleglinge, bietet man ihnen Verstecke an und verwendet keinen scharfkantigen Bodengrund, um ihnen das Gründeln nicht zu verleiden.

Manche Arten graben sich sogar gerne ein. Sie mögen es gerne warm, 26 °C sind ihnen recht. Sie sind auch unkomplizierte Fresser und sowohl mit synthetischen wie natürlichen Futtermitteln zufriedenzustellen. Untereinander und zu anderen Fischen sind sie ausgesprochen friedlich.

Eine Fortpflanzung im Aquarium ist bis jetzt nur nach Hormongaben gelungen, dabei stellte sich heraus, daß das meist umfangreiche Gelege vom Männchen bewacht wird. Auch sollen manche Arten Nester aus pflanzlichem Material bauen.

Alles im allem: Fische für geduldige Nachtmenschen.

Die Gattung *Synodontis*

Die Welse aus dieser großen Gattung – in diesem Buch sind allein 60 Arten abgebildet – gehören zu der Familie der Mochocidae, der Fiederbartwelse. Der Name leuchtet ein, wenn man sich die fein verzweigten Barteln betrachtet.

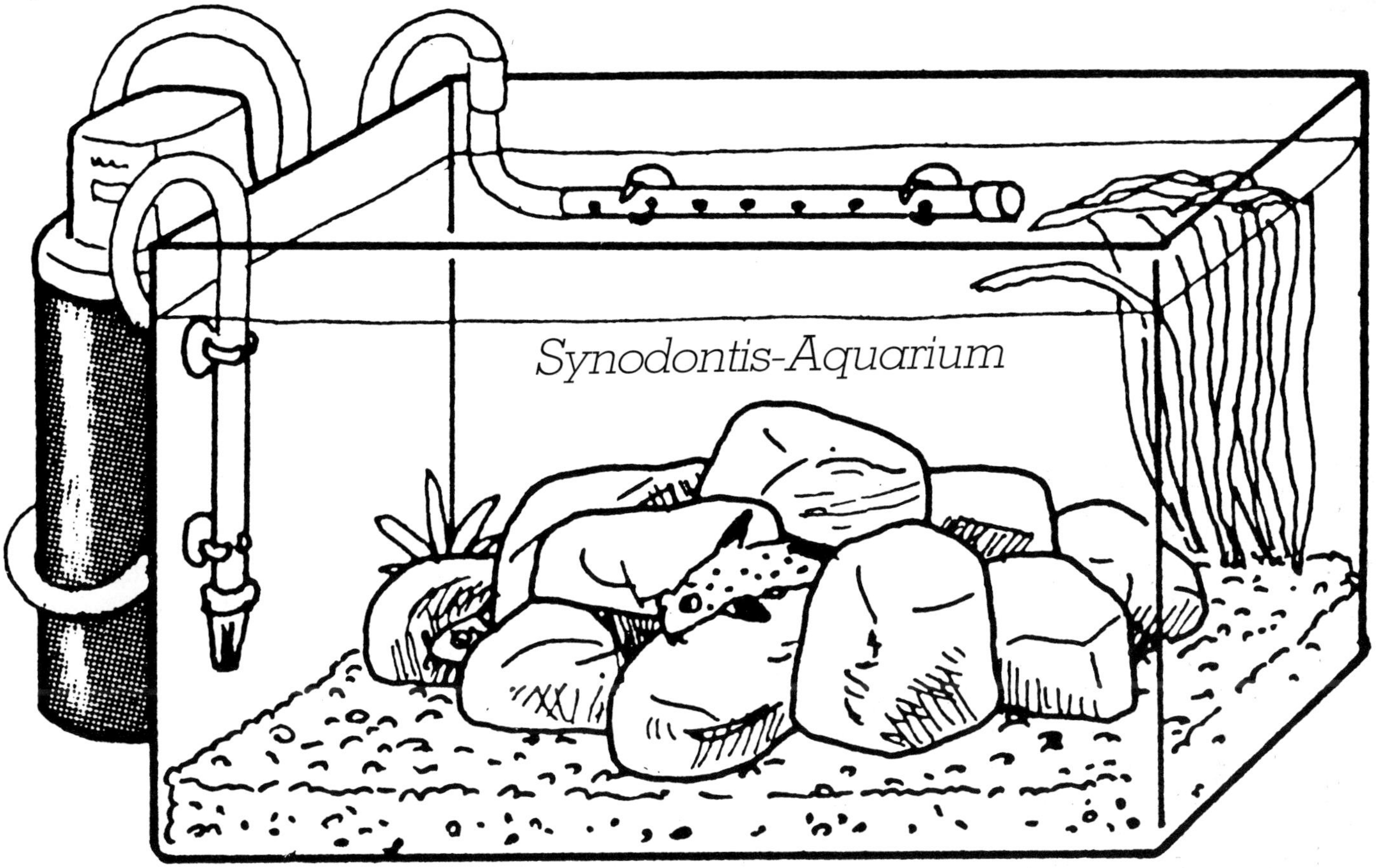

Synodontis-Aquarium

Sie besiedeln das gesamte tropische Afrika. Entsprechend ihrer Herkunftsgebiete stellen die verschiedenen Arten auch unterschiedliche Ansprüche an das Wasser. Eine Vielzahl stammt aus dem Kongogebiet (heute: Zaire oder Congo) und bevorzugt demgemäß eher weiches, leicht saures Wasser; ebenso die Arten aus dem übrigen Westafrika. Die *Synodontis* der ostafrikanischen Grabenseen sind dementgegen an hartes, alkalisches Wasser angepaßt.

Die Haltung dieser unempfindlichen Welse ist recht einfach, da sie jedes Futter gierig annehmen. Ein Problem kann jedoch das von Art zu Art unterschiedliche Ausmaß der Aggressivität darstellen. Manche Arten sind nicht nur untereinander unduldsam, sondern können sich auch anderen Fischen gegenüber äußerst rüpelhaft benehmen, dringen diese in ihr Territorium ein. Dabei sind die Brust- und Rückenflossenstacheln wirksame Waffen, weshalb man sie auch nicht mit normalen Aquarienkeschern – schon gar nicht mit bloßen Händen – fangen darf. Geeignet sind Kunstoff- oder Glasgefäße. *Synodontis*-Arten brauchen Verstecke, in die sie sich tagsüber zurückziehen können, und viel Schwimmraum für ihre meist nächt-

lichen ruhelosen Streifzüge. Man sieht also, daß sich die Aquariengröße an der Endgröße der gepflegten Tiere orientieren muß. Für die kleineren Vertreter sollten es 100 cm sein, die größeren benötigen mindestens das doppelte.

Die Vermehrung einiger Arten ist im Aquarium bereits gelungen. Dabei hat sich herausgestellt, daß sich die Tiere nach dem Ablaichen am oder im Boden nicht weiter um ihren Nachwuchs kümmern. Über das einzigartige Fortpflanzungsverhalten der „Kuckuckswelse" des Tanganjikasees (S. multipunctatus, S. petricola) lese man im ersten, theoretischen Teil des Buches nach. Auch die Nachzucht dieser Arten ist im Aquarium bereits geglückt.

Banjo- und Bratpfannenwelse (Aspredinidae) und Scoloplacidae

Die in Südamerika heimischen Aspredinidae gleichen toten Blättern oder Holzstükken, und so benehmen sich sich auch – zumindest tagsüber. Sie verstecken sich in Höhlen, graben sich im Sand ein oder liegen einfach herum. Nachts werden sie munter und gehen auf Futtersuche, wobei sie mit den gängigen Futtermitteln durchaus zufrieden sind, besonders gern mögen sie kleine Garnelen, die größeren Arten – die Banjowelse – fressen auch Fische.

Bei den Wasserwerten sollte man den Banjowelsen (Aspredininae), zum Beispiel *Aspredo* und *Platystacus*, härteres, alkalisches Wasser, eventuell mit Salzzusatz, bieten, da sie an der südamerikanischen Ostküste in Brackwassersümpfen zuhause sind. Diese Unterfamilie hat auch eine besondere Art der Brutpflege entwickelt. Die befruchteten Eier werden vom Weibchen an kleinen Stielen am Bauch herumgetragen; möglicherweise dient diese Verbindung sogar der Versorgung der Embryonen.

Die kleineren Bratpfannenwelse, zum Beispiel *Bunocephalus* und *Dysichthys*, stammen aus dem Landesinneren und sollten in weicherem, schwach saurem Wasser gepflegt werden, geringere Abweichungen nehem sie allerdings nicht übel. Ihre Nachzucht gelang bis jetzt nur sehr selten.

An dieser Stelle sollen auch die Scoloplacidae erwähnt werden, denn bisher wurden diese Tiere für Jungfische der Bratpfannenwelse gehalten, sehen sie ihnen doch täuschend ähnlich. Allerdings hatte das „größte" bekannte Exemplar eine Länge von noch nicht einmal zwei Zentimetern. Sie wurden in Fallaubansammlungen in den Gewässern Amazoniens gefunden. Vielleicht kann man auch bald in unseren Aquarien nach ihnen suchen.

Kreuzwelse (Ariidae)

Fasziniert von den silberglänzenden, attraktiven Schwimmern ersteht so mancher Aquarianer junge Exemplare der Kreuzwelse, ohne zu wissen, daß die im Handel angebotenen Angehörigen dieser Familie durchweg sehr groß werden und als ältere Tiere zumindest Brackwasser benötigen. Ihre Fortpflanzung spielt sich im Meer ab, sie sind Maulbrüter im männlichen Geschlecht.

Schmerlenwelse (Trichomycteridae)

Einige Angehörige dieser Familie parasitieren in den Kiemenhöhlen größerer Fische. Diese lassen sich natürlich nicht im Aquarium Pflegen. Der Versuch, sie zusammen mit Wirtsfischen zu halten, ist Tierquälerei. Die anderen, harmlosen Arten lassen sich ohne weiteres halten. Feiner Bodengrund zum Eingraben, regelmäßiger Wasserwechsel und aufmerksame Fütterung mit kleinerem Lebend- oder Frostfutter machen sie sogar gesellschaftsfähig. Die Temperatur muß sich nach den Heimatgebieten der jeweiligen Art richten, manche stammen nämlich aus höhergelegenen Flüssen oder Bächen und mögen deshalb nicht zu warmes Wasser.

Literaturverzeichnis

Berg, L. S. (1947): Classification of Fishes Both Recent and Fossil. Ann Arbor, Michigan.

Burgess, W. E. (1989): An Atlas of Freshwater and Marine Catfishes – A Preliminary Survey of the Siluriformes. Neptune City, New Jersey.

Chardon, M. (1968): Anatomie compare de l'appareil de Weber et des structure connexes chez les Siluriformes. Ann. Mus. Roy. Afr. Centr., ser. 8, Sci. Zool., 169: 1–277.

Fink, S. V. und W. L. Fink (1981: Interrelationships of the ostariophysan fishes (Teleostei). J. Linn Soc. (Zool.), 72 (4): 297–343.

Franke, H. J. (1985): Handbuch der Welskunde. Leipzig.

Greenwood, P. H., D. E. Rosen, S. H. Weitzmann und G. S. Myers (1966): Phyletic studies of Teleostean fishes, with a provisional classification of living forms. Bull. Amer. Mus. Nat. Hist., 131 (4): 339–456.

Hieronimus, H. (1989): Welse. Stuttgart.

Lundberg, J. G. und J. N. Baskin (1969): The caudal skeleton of the catfishes, order Siluriformes. Amer. Mus. Novitates, 398: 1–49.

Novacek, M. J. und L. G. Marshall (1976): Early biogeographic history of ostariophysan fishes. Copeia (1): 1–12.

Regan, C. T. (1911): The classification of the teleostean fishes of the order Ostariophysi. 2. Siluroidea. Ann. Mag. Nat. Hist., ser. 8, 8: 553–577.

Roberts, T. R. (1972): Ecology of fishes in the Amazon and Congo basins. Bull. Mus. Comp. Zool., Harvard. 143 (2): 117–147.

Stawikowski, R. (1990): Fische im Biotop-Aquarium. Stuttgart.

Untergasser, D. (1989): Krankheiten der Aquarienfische. Stuttgart.

Register

Malawi-Cichliden

Diese Neuerscheinung ist ein Glanzpunkt in der Aquaristikliteratur.

Über 1000 Farbfotos in einem Buch im Supergroßformat von 25×34 cm.

Dieses Buch ist ein absolutes Standardwerk für alle Liebhaber der Fische des Malawisees. Die Bestimmung dieser Aquarienschönheiten wird enorm erleichtert. Biotopbeschreibungen, Hälterungs-, Fütterungs- und Zuchtbeschreibungen helfen in der Aquarienpraxis.

Nur durch Großproduktion war es möglich, ein solches Buch zu einem Preis von DM 128,– anzubieten.

Schenken Sie sich dieses unvergleichbare Buch einfach selbst.

ISBN 3-927 997-99-4

Das neue große deutsche Diskusbuch

Das neu überarbeitete und erweiterte Standardwerk vom Diskusspezialisten Bernd Degen. Ganz in Farbe, über 120 Seiten. Hälterung, Zucht und Pflege stehen im Mittelpunkt dieses Buches.

DM 48,–

ISBN 3-980 1265-0-1

Faszination Discus

Sensationelle Neuerscheinung für den Diskusfreund. Auf 192 Seiten im Supergroßformat mit herrlichen Farbaufnahmen schildern Bernd Degen und Dr. Herbert Axelrod die Faszination, die von diesen Aquarienkönigen ausgeht. Abbildungen einzeln mit Hochglanzlack überzogen.

DM 98,–

ISBN 3-927 997-98-6

Diskus Atlas

Erstmals erscheint jetzt ein Atlas der Diskusfische, der alle Wildfang- und Nachzuchtvarianten der Diskusfische in herrlichen Farbaufnahmen zeigt. Dieses Nachschlagewerk im Supergroßformat ist ein „Muß" für den Diskusaquarianer.
Über 360 Seiten mit zahlreichen Farbabbildungen.
Die Autoren Dr. Axelrod, Dr. Burgess und Bernd Degen bürgen für Qualität.

DM 128,–

ISBN 3-927 997-97-8